Cozinha de protesto

Carol J. Adams e Virginia Messina

Cozinha de protesto
Seu guia para o ativismo alimentar com mais de 50 receitas veganas

Tradução de Carla Melibeu

Posfácio de Daniela Rosendo

Copyright © 2018 Carol J. Adams e Virginia Messina
Copyright desta edição © 2021 Alaúde Editorial Ltda.

A receita de Reuben vegano apresentada nas páginas 67-68 foi publicada na obra *Never Too Late to Go Vegan*, de Carol J. Adams, Patti Breitman e Virginia Messina. Copyright © 2014 Sharon Palmer. Reimpressa com autorização da editora The Experiment, LLC.

Título original: *Protest Kitchen – Fight Injustice, Save the Planet, and Fuel your Resistance One Meal at a Time*

Todos os direitos reservados. Nenhuma parte desta edição pode ser utilizada ou reproduzida – em qualquer meio ou forma, seja mecânico ou eletrônico –, nem apropriada ou estocada em sistema de banco de dados sem a expressa autorização da editora.

O texto deste livro foi fixado conforme o acordo ortográfico vigente no Brasil desde 1º de janeiro de 2009.

Edição: Bia Nunes de Sousa
Assistência de edição: Beatriz Furtado
Preparação: Carolina Hidalgo Castelani
Revisão: Claudia Vilas Gomes, Rosi Ribeiro Melo
Capa: Amanda Cestaro
Imagens de capa: Mão (dickcraft), Fue (dyeekc), Homem (Naeblys), Cenoura (artisteer)/iStock.com
Projeto gráfico: Cesar Godoy

1ª edição, 2021 / Impresso no Brasil

Dados Internacionais de Catalogação na Publicação (CIP)
(Câmara Brasileira do Livro, SP, Brasil)

Adams, Carol J.
Cozinha de protesto : seu guia para o ativismo alimentar com mais de 50 receitas veganas / Carol J. Adams, Virginia Messina ; tradução Carla Melibeu. -- 1. ed. -- São Paulo : Alaúde Editorial, 2021.

Título original: Protest kitchen
ISBN 978-65-86049-24-4

1. Culinária 2. Receitas veganas 3. Veganismo I. Messina, Virginia. II. Título.

21-73904 CDD-641.5636

Índices para catálogo sistemático:
1. Receitas veganas : Culinária 641.5636
Aline Graziele Benitez - Bibliotecária - CRB-1/3129

2021
Alaúde Editorial Ltda.
Avenida Paulista 1337, conjunto 11, Bela Vista
São Paulo, SP, 01311-200, Tel.: (11) 3146-9700
www.alaude.com.br
blog.alaude.com.br

Em memória de nossas mães

Muriel Kathryn Stang Adams (1914-2009)
e Willie Schrenk Kisch (1923-2002)

e a todas as mães que criaram filhos da resistência

Sumário

Por que uma cozinha de protesto?............................ 15

Capítulo 1: Como chegamos aqui............................ 22

Ação diária 1: Prove um leite vegetal 37
Creme de espinafre.. 41
Licor irlandês vegano.. 42

Ação diária 2: Valorize a culinária das Américas................... 42
Sopa das três irmãs 43
Arroz mexicano.. 44

Ação diária 3: Experimente "carnes" veganas................... 45
Sanduíche de "pernil" desfiado ao molho barbecue......... 45
Cachorro-quente de cenoura.............................. 46

Capítulo 2: Como a alimentação pode ajudar
a combater as mudanças climáticas............................. 48

Ação diária 4: Experimente alimentos à base de soja 60
   Croquetes de milho e tofu 64
   Tofu chinês 65
   Homus de edamame 66
   Sanduíche Reuben vegano...................................... 67

Ação diária 5: Aprenda a gostar de leguminosas 68
   Crostini de patê de feijão-branco............................ 70

Ação diária 6: Experimente hambúrguer vegetal 71
   Hambúrguer defumado de feijão-preto.......................... 72

Capítulo 3: Justiça alimentar.................................... 74

Ação diária 7: Experimente mac'n'cheese vegano 89
   Mac'n'cheese da Carol 89

Ação diária 8: Experimente bacon vegano 90
   Bacon de soja 91

Ação diária 9: Use chocolate de boa procedência 92
   Brownie de abobrinha 93

*Ação diária 10: Entre em grupos de distribuição
de comida vegana aos necessitados*............................... 94
   Chili vegano 94

Capítulo 4: A misoginia no *fast-food* 96

Ação diária 11: Faça queijos veganos 111
    Torradinha de queijo de castanha com tapenade 111
    Salada grega com queijo feta vegano 112
    Queijo feta de tofu 114

Ação diária 12: Substitua os ovos nas receitas 115
    Tofu mexido 115
    Salada de "ovo" com sal negro 116
    Bolo maluco 119
    Cobertura para o bolo maluco 120

Ação diária 13: Dê uma chance ao umami vegetal 120
    Parmesão vegano 121

Capítulo 5: O sonho de uma
democracia inclusiva 124

Ação diária 14: Lanchinhos energéticos
para protestar 141
    Bolinhas de aveia e pasta de amendoim 142
    Castanhas ao alecrim 143

Ação diária 15: Aposte na dupla verduras e feijão 144
    Feijão-carioca com couve ao molho de tahine 144

Ação diária 16: Faça um estoque de alimentos
veganos prontos 145

Capítulo 6: O cultivo da compaixão.............148

Ação diária 17: Valorize a culinária do Oriente Médio.........164
Muhammara (patê de pimentão vermelho)....................164
Babaganuche...165

Ação diária 18: Experimente substitutos veganos de frango..166
Empadão de "frango" vegano.................................166

Ação diária 19: Experimente substitutos veganos de peixe.....168
Salada de "atum" vegana....................................169

*Ação diária 20: Leve as crianças para conhecer um
santuário animal (ou leve um santuário animal até elas)*..169
Cookies com gotas de chocolate.............................170

*Ação diária 21: Escolha uma atividade para se
aproximar de animais necessitados*.........................172
Biscoitos caninos de amendoim..............................172
Barrinhas de sementes para passarinhos.....................174

Capítulo 7: A alimentação ideal para o agora........176

Ação diária 22: Selecione o seu cardápio de notícias.............190

Ação diária 23: Faça uma trilha.................................191

*Ação diária 24: Troque a manteiga por azeite de
oliva extra virgem*...192
Bolo de laranja, amêndoa e azeite..........................193
Tomate seco caseiro..194

Ação diária 25: Aposte nos "carboidratos lentos"..................... 195
Salada colorida de quinoa..................................... 196

Ação diária 26: Prepare uma bebida reconfortante............... 197
Chá de gengibre e limão-siciliano........................... 198
Latte de matchá ao aroma de baunilha e lavanda............ 198
Chocolate quente saudável.................................... 199

Capítulo 8: Alimentando a resistência....................200

Ação diária 27: Faça seus produtos de limpeza em casa......... 212
Lustra-móveis de limão-siciliano............................ 212
Limpador multiúso.. 213

*Ação diária 28: Planeje uma refeição vegana para
a próxima viagem ou programinha à noite*..................... 213

Ação diária 29: "Veganize" cinco receitas...................... 214

Ação diária 30: Elabore um cardápio planejado................ 218

*Ação diária extra: Ofereça um banquete vegano
da resistência*.. 218
Compota feiosa de frutas da xepa............................ 219
"Frango" vegano ao molho de laranja........................ 220
Bombons de nozes e cereja................................... 222
Salada de taco ao molho picante............................. 223
Crumble de pêssego.. 225

Posfácio, por Daniela Rosendo 227

Notas..235

Bibliografia selecionada 253

Agradecimentos..257

Índice remissivo...261

A república é um sonho.
Nada acontece se não começar com um sonho.

Carl Sandburg, "Washington Monument by Night"

INTRODUÇÃO

Por que uma cozinha de protesto?

Vivemos tempos turbulentos na política. Dominados pela força da extrema direita e de grupos de ódio, muitos países encontram-se tomados pelo clima de retrocesso político alimentado por essas crenças. Paralelamente à produção deste livro, percebe-se uma tensão cada vez maior entre os países que se empenham em proteger programas sociais e ampliar a preservação ambiental e aqueles que desmantelam valiosas iniciativas de proteção ao ser humano e ao meio ambiente. Os Estados Unidos, de onde escrevemos, está no segundo grupo.

É fácil cair no desânimo. Muitos de nós nos preocupamos com direitos humanos básicos, justiça social e com o futuro de nossas democracias. Marchamos, protestamos, mandamos cartas para representantes eleitos e fazemos trabalho voluntário nas causas que nos mobilizam. Contudo, como é possível continuar na luta sem nos sentirmos massacrados com tanto a ser feito? E como não perder a esperança quando todos os dias vemos notícias cada vez piores sobre assuntos importantes?

Não faltam livros e *sites* para quem busca formas de ser participativo e aderir à resistência. *Cozinha de protesto*, no entanto, é a primeira obra que mostra como a alimentação pode ser um caminho para mudanças positivas.

Será mesmo que o simples ato de jantar, algo aparentemente tão pessoal e dissociado do mundo externo, pode de fato impactar questões maiores da nossa rotina? A resposta é sim. As escolhas alimentares têm um impacto maior que se pode imaginar. Neste livro, vamos nos deter nas formas como uma alimentação vegana, uma construção ideológica que gira em torno de alimentos de origem vegetal, pode, sim, ser uma reação *contra* a misoginia, o racismo, a destruição ambiental e as mudanças climáticas e *a favor da* compaixão e da justiça social. Vamos mostrar como mudanças simples na alimentação podem ter efeitos reais no meio ambiente e também como podemos usar essas mesmas escolhas alimentares para valorizar a diversidade, combater o patriarcado e incentivar uma cultura de aceitação, integridade e honestidade. E elas também podem ajudar a cuidar do bem-estar. Pode parecer ousadia, mas acreditamos que, ao final deste livro, você concordará que o simples ato de incorporar mais alimentos veganos em sua rotina fortalece sua resistência.

Também vamos falar um pouco da saúde, especificamente como as mudanças na alimentação podem controlar sintomas de estresse. No entanto, embora uma alimentação vegana consiga trazer extraordinários benefícios para a saúde, não afirmamos aqui que o veganismo vai prolongar sua vida; é possível, sim, mas também pode ser que não.

Nossa proposta, em vez disso, mostra como o veganismo é, além de um ato de resistência, fonte de esperança e cura. Essa é a resistência que começa na cozinha, é o que há de mais forte no ativismo local. Apesar de, por necessidade, a maioria das pessoas ter que se afastar de vez em quando do ativismo, todos têm de se alimentar. Quando outros aspectos da vida parecem massacrantes, cada refeição é uma oportunidade de prosseguir com a resistência.

Mas o que acontece na cozinha não se limita à cozinha. Os primeiros grupos de protesto contra condições antiéticas de produção já sabiam disso. Antes da Guerra Civil dos Estados Unidos, os abolicionistas já se recusavam a comprar açúcar de estados escravagistas. Há décadas, os centros de distribuição de sopa protestam contra a fome apenas pelo simples fato de existirem.

Desde os anos 1960, os boicotes a alimentos como alface, morango e outros produtos são parte essencial da luta por melhores condições de trabalho para os trabalhadores rurais que produzem alimentos. Nessa mesma década, o grupo Panteras Negras começou a oferecer café da manhã gratuito para crianças em idade escolar. Além de alimentar mais de 20 mil crianças em dezenove cidades, o projeto trouxe luz à relação entre fome infantil e baixo desempenho escolar. No início dos anos 1970, por causa dos preços astronômicos, as donas de casa estadunidenses pararam de comprar carne; com o boicote, matadouros passaram dias fechados.

Historicamente, oferecer comida e boicotar alimentos produzidos em condições degradantes formam a base do trabalho das cozinhas de protesto.

Sabemos que o veganismo é muito mais visto como uma postura *oposta* ao ativismo social, e não como algo *alinhado* a ele. Nessa visão, o veganismo que atende celebridades, abastados e pessoas excessivamente preocupadas com a saúde é algo para o qual não temos tempo. Muitos estereótipos negativos contribuem com o boato de que os veganos são seres apolíticos: a vegana magrela e arrogante, o vegano "você só pensa nos animais" e o vegano que se considera superior. Assim como outros clichês, lamentavelmente estes perdem mais que captam a essência do veganismo no século XXI. Isso desconsidera o dinamismo da variedade de veganos que atuam no campo da justiça social – organizações veganas de apoio a produtores rurais, formuladores de políticas que buscam divulgar as mudanças climáticas, ativistas veganos pelos direitos reprodutivos na luta pelo acesso ao planejamento familiar, hortas coletivas organizadas por veganos em busca de justiça alimentar, coletivos veganos que levam alimentação a comunidades carentes, cientistas e inventores que buscam alternativas às carnes de origem animal. Falando especificamente, os estereótipos diminuem a importância do veganismo ao desconsiderar que se trata de um movimento de justiça social profundamente ligado à resistência política.

Além disso, segundo os estereótipos, os veganos se desviaram das práticas alimentares convencionais de formas altamente excludentes. No entanto, quando levamos em conta a diversidade de lugares onde nasceram nossos alimentos preferidos, essa dieta, comumente taxada de "excludente", pode ser vista como verdadeiramente "inclusiva". Aproveitamos as ricas culturas de soja da China (tofu), da Indonésia (tempeh) e do Japão (missô e leite de soja); as leguminosas do Oriente Médio (homus e faláfel); e os nutritivos alimentos da América do Sul (quinoa, feijão-preto, chia e amendoim).

> Historicamente, oferecer comida aos necessitados e boicotar alimentos produzidos em condições degradantes formam a base do trabalho das cozinhas de protesto.

Ninguém aqui está afirmando que o veganismo é a única maneira de buscar um mundo melhor. Mas queremos mostrar como a prática vegana, sua visão dos animais e sua relação com eles estão ligadas a valores progressistas. Assim como outras campanhas, o veganismo faz parte de um sofisticado boicote que, para provocar mudanças, tenta incomodar no bolso.

Vamos analisar como a opressão aos animais está relacionada à opressão humana. Veremos também que modificar a forma de ver os animais e derrubar as barreiras da alteridade pode fortalecer nossa capacidade de ver todos os seres (humanos, inclusive) com respeito.

O que a resistência pode aprender com os veganos

Os veganos conhecem bem o ativismo local e raiz. Eles têm experiência combatendo os discursos de ameaça às liberdades de expressão, de imprensa e de democracia exatamente porque esse mesmo discurso vem sendo usado para promover uma alimentação baseada em carnes e lácteos.

Os veganos conhecem os sentimentos de indiferença e a sensação de excesso de ativismo, com experiência na busca de soluções para ambos. Inclusive, a nossa alimentação pode até ser a solução por si só.

O veganismo é uma forma de aprimorar nossa vida, assim como de honrarmos e melhorarmos o planeta e a vida de outras pessoas e dos animais. Em seu cerne, as escolhas veganas nos fazem lembrar diariamente que somos ligados um ao outro, e que agora, mais que nunca, cuidar da coletividade faz parte da vivência da cidadania global. Optar por uma alimentação vegetal traz benefícios de várias maneiras de uma só tacada. Vamos mostrar como e por quê.

Trinta dias para agir

Este livro é dividido em capítulos dedicados aos princípios democráticos das mudanças climáticas, políticas sexuais, justiça alimentar, solidariedade e autocuidado. Cada capítulo se detém em um desses assuntos, ao mesmo tempo que faz a interseção com temas como alimentação, escolhas de estilo de vida, conceitualizações e tratamento dos animais. Neles, mostramos as escolhas veganas funcionando como atos de resistência e/ou definindo a nossa resistência. Trazemos também uma curta introdução sobre nutrição de base vegetal, para quem deseja seguir uma alimentação mais vegana.

Mas uma coisa é ter o conhecimento, outra é agir de acordo com o que se sabe. À medida que abordarmos esses temas, vamos mostrar como é possível colocar esses conhecimentos em prática em trinta dias de ação. Para reforçar esse movimento, vamos dar dicas de aplicativos de celular, substituições simples e também receitas criadas. Você pode transitar entre dicas e ingredientes, entre leitura e receitas, assim como fazemos na vida, nós comemos e protestamos. Queremos mostrar que *a forma de se alimentar é uma forma de protesto*. Nas dicas para ações diárias, trazemos ideias práticas para você incorporar mais alimentos vegetais na dieta. Elas também funcionam como atos de resistência culinários e também como ações para autocuidado e cura. Sabemos que você talvez não realize todas as dicas diárias, ou que tente aplicá-las em um período maior que o de trinta dias. E está tudo bem! Não é nossa proposta o programa ser tão rígido. Use-o para descobrir caminhos na sua alimentação e, assim, alinhar culinária e política.

Com essas sugestões, não estamos afirmando que agir individualmente já basta por si só, mas que agir como indivíduos em decisões que envolvam a alimentação diária não é algo irrelevante, é algo que todos *podemos* realizar.

Em uma época em que o desânimo pode vir com tudo, as escolhas alimentares podem ser fonte de fortalecimento. Nossas vidas são uma forma importante de resistência contra as injustiças, e todos os dias podemos tomar decisões significativas. O veganismo é uma oportunidade diária de pôr valores em prática, ao mesmo tempo que ajuda o meio ambiente e melhora a saúde. Ele se transforma em um lembrete diário de que a mudança é possível.

> Suas escolhas alimentares têm muito mais impacto do que pode imaginar.

A mudança social não se limita a um objetivo pelo qual devemos lutar; a mudança social é algo que nos impele constantemente a mudar. E sabemos que as mudanças podem ser difíceis. Este livro está aqui para ajudar você. Juntos e juntas podemos realizar muitas coisas.

CAPÍTULO 1

COMO CHEGAMOS AQUI

Nostalgia, cozinhas
e a política do retrocesso

Pouco antes da eleição presidencial de 2016 nos Estados Unidos, pesquisas indicavam que dois terços do eleitorado republicano[1] e uma tímida maioria dos eleitores de candidaturas independentes desejavam que o país voltasse à década de 1950. Para essas pessoas, a sociedade estadunidense e seu modo de vida haviam se deteriorado desde então. Mas, na avaliação de dois terços do eleitorado democrata, a situação havia mudado para melhor desde os Anos Dourados.

A palavra "nostalgia" junta duas raízes gregas: "*nostos*" e "*algos*", que significam "retorno ao lar" e "dor". O termo, no entanto, se aplica mais a viajantes com saudade de casa. Algo como o *hoje* evocar uma nostalgia pelo *ontem*.

Os eleitores que desejavam um retorno aos anos 1950 eram contrários às mudanças sociais que possibilitaram novas liberdades para muitos setores desfavorecidos da sociedade. Havia normas conservadoras *para* as mulheres. Muitos acreditavam que os brancos eram os oprimidos. Para esse grupo, essa década era o retrato ideal da estabilidade política e familiar, dentro de um cenário de prosperidade e crescimento econômico.

Segundo os que idealizam esse período, essa foi a época em que as pessoas viviam em vizinhanças amigáveis, nas quais as mães proporcionavam estabilidade e deliciosas refeições. Só que a mãe desse retrato nostálgico é branca e, se pudesse, teria preferido continuar trabalhando na fábrica de onde foi dispensada ao fim da Segunda Guerra Mundial. Muitos métodos contraceptivos comuns no século XXI, como a pílula anticoncepcional, ainda não estavam disponíveis. Talvez ela não quisesse ter três ou quatro filhos, aqueles mesmos que alimentava com hambúrguer e leite no jantar. Já os negros eram impedidos de morar em bairros de maioria branca por vizinhos antes amigáveis e agora violentos[2]. E cabia aos trabalhadores imigrantes da América Central a faina no campo, cultivando e colhendo lavouras. Sem direito a atendimento médico, essas pessoas viviam em condições sub-humanas, em moradias fornecidas pelos proprietários rurais. E a carne e o leite, onipresentes nos lares da década de 1950, vinham de fazendas industriais. Segundo as informações disseminadas pelo governo federal e pela publicidade – e até mesmo pelas escolas –, esses seriam alimentos essenciais para a saúde.

Mas a dependência de alimentos de origem animal para obter proteínas, cálcio e outros nutrientes é um conceito relativamente moderno. Essa alimentação focada no leite e na carne reflete um desvio, e não uma continuação, dos padrões alimentares humanos. É também essa alimentação que evoluiu ao longo de décadas da opressão que nos trouxe para o mundo idealizado dos famosos Anos Dourados.

Carne e lácteos no continente americano

Antes do século XIX, os únicos grupos que comiam quantidades consideráveis de carne eram os membros da realeza e aristocracia europeias. Até a chegada dos colonizadores espanhóis, não havia vacas nas terras que hoje conhecemos como Américas do Norte e do Sul. Os alimentos lácteos eram desconhecidos pelos povos originários. Caçadores, os povos ameríndios pré-colombianos[3] comiam carne, mas também incluíam grande quantidade de vegetais na alimentação. Dependendo da região, os alimentos mais comuns eram feijão, milho, abóbora, batata, verduras silvestres, figo-da-índia (um tipo de cacto), frutas frescas, castanhas e sementes.

Quando os europeus transportavam negros da África capturados em navios, no movimento que ficou conhecido como Comércio Triangular do Atlântico, os comerciantes de escravos levavam produtos agrícolas africanos – eles acreditavam que oferecer alimentos familiares reduziria a mortalidade das pessoas escravizadas. Entre as contribuições africanas para a alimentação mundial, podemos citar painço, sorgo, café, melancia, feijão-fradinho, quiabo, óleo de palma, noz-de-cola, tamarindo e hibisco. Chegando ao destino, esses produtos levados nos navios negreiros não tinham nenhum valor comercial para os comandantes das embarcações. No entanto, os sobreviventes desse tráfico transformaram esses alimentos em algo extraordinário e conseguiram proteger suas tradições, bagagens e conhecimentos alimentares.

Segundo relatos passados ao longo de gerações, as mulheres africanas, forçadas a trabalhar nas cozinhas dos navios negreiros, escondiam arroz nos próprios cabelos e nos dos filhos[4]. Isso teria ajudado a difundir, nos solos americanos, alimentos e práticas alimentares africanos. Os que serviram de base para as tradições culinárias da África Oriental[5] foram a banana-da-terra, o arroz, o cará e o milho-painço. Ao cultivar lavouras e preparar alimentos durante a escravidão, os africanos e seus descendentes – afro-americanos – criaram o que o historiador James McWilliams cunhou de "culinárias da sobrevivência".

Esses grupos, no entanto, não contribuíram com a carne bovina para a alimentação. E isso era visto como motivo para sua queda. No século XIX, os historiadores atribuíam o sucesso dos colonizadores à alimentação com carne – e não ao uso de tecnologias avançadas de violência, às mentiras, às trapaças nem à introdução de doenças como a varíola em populações sem nenhuma resistência a essas infecções. Por exemplo, nesse mesmo século, George Beard, médico neurologista e escritor teórico, escreveu o seguinte: "Os selvagens que têm alimentação fraca são selvagens fracos [sic], sendo intelectualmente muito inferiores aos comedores de carne de qualquer raça"[6].

Quando foram para a América do Norte, os europeus levaram gado bovino. Jeremy Rifkin, autor de *Beyond Beef* [Além da carne], chama bois e vacas de "gafanhotos de casco"[7], por causa da destruição causada à terra por esses quadrúpedes. Para alimentar o gado, os colonos que se instalaram na Nova Inglaterra cercavam as terras para usá-las como pastagem, substituindo as práticas alimentares dos povos nativos. As planícies abertas do Meio-Oeste, onde antes viviam os búfalos, se transformaram em pastagem para bovinos. Nos padrões alimentares dos povos indígenas, os alimentos vegetais eram mais valorizados, sendo a carne usada em quantidades pequenas, pela gordura e pelo sabor. No entanto, esses costumes perderam espaço para a alimentação centrada na carne. Mas foi apenas em meados do século XX que o uso desses métodos se intensificou até culminar no modelo da agropecuária industrial que se tornou regra em vários países, inclusive nos Estados Unidos e no Reino Unido (e cada vez mais no Brasil e na China).

Assim como todos os mamíferos, os seres humanos nascem aptos a produzir a enzima lactase, necessária para digerir a lactose, o açúcar presente no leite. No entanto, com o decorrer do desenvolvimento normal, a produção de lactase cai depois que o bebê deixa de ser alimentado exclusivamente com leite. Sem essa enzima, seu consumo pode levar a flatulência, enjoos e, às vezes, diarreia.

No entanto, em algum momento, entre 10 mil e 20 mil anos atrás, ocorreu uma mutação. Por causa dela, algumas populações do norte da Europa se tornaram "persistentes à lactase". Essas pessoas desenvolveram a capacidade, que o resto do mundo não tem, de continuar digerindo leite na vida adulta.

A possibilidade de consumir grandes quantidades dessa bebida conforme as recomendações do guia alimentar dos Estados Unidos é um traço genético característico do norte da Europa. Foi somente na década de 1970 que os especialistas reconheceram que algumas pessoas têm uma capacidade reduzida de digerir o açúcar do leite. No entanto, a intolerância à lactose não é uma deficiência. Ela é normal. Quase todos os povos asiáticos, ameríndios e a maioria das pessoas afrodescendentes, os estadunidenses de origem mexicana e os judeus asquenazes apresentam taxas baixas de lactase.

Em sua edição atual, o guia alimentar dos Estados Unidos, chamado de MyPlate, continua trazendo uma visão culturalmente restrita ao incluir um grupo dedicado a alimentos lácteos. Para quem não consegue digerir lactose, as informações sobre fontes vegetais de cálcio ficam relegadas a letras miúdas. É essa a influência, pelo menos em parte, do forte lobby do leite nesse país.

A maioria dos povos desenvolveu sua alimentação usando verduras, castanhas, sementes e leguminosas como fonte de cálcio. E os guias alimentares precisam, sim, contemplar as várias opções de leites vegetais desenvolvidas ao longo dos séculos. Um guia alimentar de um país não pode se pautar em recomendações embasadas em culturas do norte da Europa esperando que o restante da população se adapte a necessidades que não são as delas.

Agropecuária industrial

Durante a Primeira e a Segunda Guerras Mundiais e em muitos países ocidentais, deixar de comer carne foi um dever cívico, algo obrigatório. Havia racionamento de carne, e pedia-se que em alguns dias os restaurantes evitassem servi-la. Nos Estados Unidos, na década de 1940, a cadeia de hamburguerias White Castle pesquisou o desenvolvimento de hambúrgueres sem carne, inclusive um à base de soja (projeto esse retomado mais de setenta anos depois, quando as opções veganas chegaram ao cardápio da rede, em 2015). Os jornais publicavam receitas de hambúrguer de soja e feijão.

Com o fim das guerras, iniciou-se uma era de prosperidade e fartura, que para os estadunidenses se traduzia com a reintrodução de carne e ovos às cozinhas e aos restaurantes. Nos anos 1950, as redes de hamburguerias decolaram. As lanchonetes de atendimento *drive-in*, com cardápios centrados em carne e lácteos, tornaram-se ícones da sociedade.

E estimular a demanda por carne passou a ser o novo modelo industrial da pecuária de corte e leite. A partir disso, reduziu-se o espaço necessário para criar animais, e, graças à mecanização, também diminuiu a quantidade de mão de obra empregada no setor. Retirados das pastagens, os animais foram confinados em galpões.

As galinhas foram os primeiros animais a cair nesse modelo. Inicialmente, as poedeiras, criadas para produzir ovos, eram acomodadas em gaiolas individuais. Depois, foram colocadas juntas em uma gaiola, e, posteriormente, essas gaiolas passaram a ser empilhadas. Hoje em dia os maiores criadores de aves mantêm dezenas de milhares de animais em um só galpão.

À medida que as propriedades rurais se industrializaram, os animais foram sendo transformados em máquinas. Em artigo publicado em 1976, a revista especializada em suinocultura *Hog Farm Management* deu o seguinte conselho:

"Esqueça que o porco é um animal. Trate-o como maquinário de fábrica"[8]. O diretor do frigorífico Wall's Meat Company defendia o uso de celas com grades de aço, chamadas de "celas de gestação", onde as fêmeas prenhes são mantidas em um espaço tão exíguo que mal conseguem mudar de posição. Segundo ele: "A fêmea prenhe deve ser vista e tratada como um maquinário valioso com a função de cuspir leitões iguais a máquinas de linguiça"[9].

As galinhas, também alijadas de qualquer preocupação moral, são transformadas em máquinas. Outra revista especializada em agropecuária também pontuou: "Em última análise, a poedeira moderna é nada mais que uma máquina conversora muito eficiente, que transforma matéria-prima – ração – em produto final – no caso, ovos –, sem contar, claro, os custos de manutenção"[10].

Antes da agropecuária industrial, as vacas pelo menos tinham direito ao descanso quando estavam prenhes. No entanto, com o foco na produção, as expectativas em relação às vacas mudaram. Agora, elas passam sete meses por ano prenhes e dando leite. E todos os anos são engravidadas compulsoriamente, pois, se não ficam grávidas, não produzem a bebida. Nas fazendas leiteiras, o leite serve para gerar lucros, e não para alimentar os bezerros. Os novilhos recém-nascidos são afastados das mães logo depois que nascem.

Embora essa seja uma prática comum para os produtores, para as vacas não é tão trivial assim. Sentindo falta dos filhotes, as vacas gritam e mugem chamando pela cria. Em uma cidade, os moradores, incomodados com os mugidos, até chamaram a polícia, denunciando "barulhos estranhos"[11]. Procurado, o xerife local garantiu aos moradores que era normal barulhos como aqueles virem de uma propriedade leiteira, mas, segundo ele também, esses barulhos seriam os lamentos das vacas com saudade dos filhotes. "Acontece todo ano, na mesma época", informou um policial.

Tanto em propriedades dedicadas à criação de porcos, vacas leiteiras, aves poedeiras quanto de corte, algumas práticas são comuns a todos os setores.

- **Os animais são mantidos em espaços lotados** – contêineres, estábulos ou galpões – em geral tão apertados que é impossível se mexer.
- **Os animais perdem o direito à vida ao ar livre.** *As galinhas também perdem o direito a seguir seu comportamento natural. Não podem esticar as asas, ciscar na terra nem sentar no ninho. Não podem cacarejar para os pintinhos eclodirem os ovos. Até as galinhas criadas "sem gaiolas" ficam confinadas em ambientes fechados, com pouco ou nenhum acesso ao ar livre. Muitos porcos só veem a luz do sol e pegam ar fresco quando estão a caminho do matadouro.*
- **Os animais não são alimentados.** *As galinhas podem passar até duas semanas sem alimentação para aumentar a produção de ovos. É comum a alimentação dos animais ser suprimida até 24 horas antes do abate. A alimentação intermitente pode ser utilizada com porcas prenhes ou em aleitamento, ou seja, elas comem dia sim, dia não.*
- **Os animais vivem em ambientes com iluminação artificial.** *A luminosidade é mantida baixa para contrabalançar os efeitos da superlotação, que leva a agressões. No entanto, nas granjas, as galinhas podem ficar até dezessete horas por dia expostas à luz contínua, para estimular a produção.*
- **Os animais podem viver em meio a dejetos.** *Galinhas e porcos vivem em meio ao próprio esterco. A amônia liberada por esses dejetos pode lesionar os olhos, queimar os pulmões e levar a doenças respiratórias.*

Política do retrocesso

No final dos anos 1950, os animais de criação passaram a ocupar espaços superlotados nas propriedades rurais. Nessa época, nas cidades e em bairros residenciais mais ricos e de brancos, estavam em voga práticas de segregação racial; também eram comuns ideias preconceituosas sobre a "família", e da cozinha como único espaço para a mulher (embora muitas mulheres trabalhassem como empregadas nas cozinhas dos *outros*). Na Segunda Guerra Mundial, os governos ofereceram programas de auxílio e creches para ajudar as mulheres que substituíram a mão de obra masculina, ocupada na guerra. Findo o conflito, medidas coercitivas, como o fechamento das creches, obrigaram as mulheres a voltar à vida doméstica. E, assim, a orgulhosa moça operária do cartaz perdeu seu espaço nas fábricas do pós-guerra. Enquanto isso, os direitos das mulheres de viver como indivíduos independentes foram severamente limitados: em muitos estados, elas foram impedidas de participar de júris em julgamentos, atuar como juradas, transferir imóveis, celebrar contratos, serem titulares de cartão de crédito ou estabelecer residência. Mulheres afro-americanas foram esterilizadas involuntariamente.

Na mesma década, a promessa de titularidade de imóveis para mulheres até foi cumprida, mas apenas para pessoas brancas, de classe média alta e para um número cada vez maior de homens da classe trabalhadora. Leis, regulamentos e práticas governamentais explicitamente racistas acabaram levando à formação de um sistema – de abrangência nacional – de guetos urbanos cercados por bairros residenciais ricos e de brancos[12]. Os afro-americanos que tentavam entrar nesses bairros recebiam ameaças por telefone, pedras jogadas nas janelas e até cruzes em chamas. E foi por força das leis impostas pela violência branca no Sul que os afro-americanos conheceram o poder da segregação. As rígidas leis de Jim Crow segregaram os espaços públicos, criando barreiras praticamente intransponíveis à participação por voto; militantes dos direitos civis eram assassinados, e os crimes seguiam sem punição. No Norte, era comum a prática de *redlining*, ou seja, negavam-se hipotecas para famílias negras interessadas em comprar casas em bairros de maioria branca, entre outras medidas restritivas que impediam que afro-americanos pudessem morar em regiões onde brancos moravam.

> As fazendas se tornaram fábricas, e os animais foram transformados em máquinas.

A Guerra Fria, o "Terror Vermelho" e o macarthismo levaram a um clima de angústia, justificando ataques e impedimentos contra a liberdade de expressão. Alvos de perseguição, gays e lésbicas eram exonerados de cargos públicos (em âmbitos federal e estadual) – sendo vistos como "riscos para a segurança" maiores até que os comunistas, pois seriam mais vulneráveis a chantagens por parte dos russos. Mulheres morriam tentando fazer aborto por meios próprios e em clínicas ilegais. Ao final dos anos 1950, um terço das crianças estadunidenses era pobre; não havia atendimento médico para as pessoas mais velhas.

É verdade que nos anos 1950 a estabilidade nos empregos era maior, principalmente para os homens brancos. Os ganhos reais aumentaram, e não apenas para o topo da pirâmide, mas também para os 70% da base. Paralelamente a isso, várias formas de coerção alijavam as mulheres do direito de trabalhar. Em *The Way We Never Were: American Families and the Nostalgia Trap* [O que nunca fomos: as famílias estadunidenses e a cilada da nostalgia], Stephanie Coontz salienta: "Quando setores sociais lamentam o colapso de valores e compromissos familiares tradicionais, quase sempre se referem às tarefas 'exclusivamente' femininas associadas à doutrina de esferas separadas para homens e mulheres"[13].

Os anos 1950 não refletem a sociedade justa pela qual lutamos. E, a bem da verdade, essa noção que se alimenta dos "Anos

Dourados" não se assemelha ao que realmente foi testemunhado. Se você viveu nesse período (ou tem informações mais precisas que as mostradas nas séries de TV), sabe que, por baixo do verniz de estabilidade e felicidade, há a realidade sórdida da democracia estadunidense daquela década. E, como diz Coontz, *Leave It to Beaver** não era uma série documental.

Ativismo animal e a política do retrocesso no século XXI

Quando o assunto é a política do retrocesso no século XXI, podemos elencar três práticas que impedem as mudanças sociais:

1. dar outros rótulos às informações e atribuir outros nomes ao ativismo;
2. reprimir formas de expressão;
3. acusar ativistas de terrorismo e, assim, acabar com o ativismo.

Talvez não pareça óbvio tocar na questão do consumo de carne e lácteos dentro da discussão sobre a política do retrocesso, mas acredite: nós, veganos, já vivenciamos isso. Ao longo desses trinta anos trabalhando para denunciar a crueldade da pecuária industrial, dos matadouros e dos laboratórios que usam animais para experiências, já fomos confrontadas com essas três práticas. Por exemplo, quando os ativistas de direitos animais

---

* *Leave it to Beaver* foi um seriado de TV exibido nos Estados Unidos entre 1957 e 1963, que mostrava a vida de uma família de classe média, com foco nas trapalhadas do filho caçula. (N. E.)

expõem as práticas cruéis empregadas na pecuária industrial, os produtores alteram as palavras usadas para descrever essas mesmas práticas. Os matadouros, por exemplo, são chamados de "unidades de processamento". As galinhas confinadas em galpões são "criadas livres". As porcas prenhes são isoladas para sua própria "segurança".

Nos Estados Unidos, o êxito do ativismo pelos direitos animais, acompanhado de ações mais radicais, como entrar em áreas de criação industrial de animais e até libertá-los, trouxe esse tipo de ativismo para o radar de autoridades federais, principalmente por afetarem os lucros de grandes indústrias. Do ponto de vista das empresas, era preciso encontrar algo para impedir o êxito do ativismo. E a reação veio com a aprovação das Leis Ag-Gag, uma das primeiras legislações mais repressivas da nossa era.

As Leis Ag-Gag, também conhecidas como Leis da Mordaça, foram criadas para cercear a liberdade de expressão. Além de impedir que os ativistas de direitos animais danifiquem propriedades particulares, essas leis também desobrigam os matadouros e criadores de animais de registrar o que acontece nesses lugares. E as leis mais atuais tornam ilegal o simples ato de registrar animais em propriedades produtoras, inclusive à distância.

Em 2006, o Congresso dos Estados Unidos aprovou a Animal Enterprise Terrorism Act (AETA), uma lei que permite enquadrar como terrorismo ações contra empresas de criação ou testes com animais. Proposta pelo American Legislative Exchange Council – organização conservadora a serviço dos interesses do empresariado –, essa lei amplia "a definição de terrorismo, incluindo, além de destruição de patrimônio, quaisquer ações que tentem 'impedir' atividades empresariais com o uso de animais". Ela também enquadra como ato terrorista a desobediência civil e o registro documental de má conduta empresarial. Entre as partes envolvidas na redação desse projeto, estão a National Association for Biomedical Research [Associação Nacional de Pesquisas

Biomédicas], a Fur Commission USA [Comissão da Indústria de Peles dos Estados Unidos], a GlaxoSmithKline, a Pfizer, a Wyeth, a United Egg Producers [Associação de Produtores de Ovos] e a National Cattlemen's Beef Association [Associação Nacional de Pecuaristas de Corte].

Segundo o deputado federal Dennis Kucinich, que fez oposição ao projeto de lei, a legislação federal já existente era adequada, e "o projeto criou uma categoria especial de crimes para um tipo específico de protesto, sendo que a ampliação do conceito de terrorismo poderia cercear a liberdade de expressão". Ações tradicionais ligadas à desobediência civil não violenta, além de outras atividades, foram chamadas de "atos terroristas".

Como o autor Will Potter pontua no revolucionário *Green is the New Red* [Verde é o novo vermelho], algumas definições de terrorismo passaram a incluir violência contra patrimônio[14]. (Note que os animais também são vistos como "patrimônio".) Entretanto, se a violência contra patrimônio for terrorismo, devemos considerar terroristas as sufragistas britânicas, que em 1910 quebravam vitrines nas ruas de Londres. Da mesma forma, os afro-americanos, libertos da escravidão, também seriam terroristas, pois sabotaram a indústria escravagista ao se retirarem dela.

Os questionamentos ao conceito sobre o que é terrorismo e quem é terrorista adquiriram uma nova relevância com os protestos contra políticas e práticas perversas. Potter alerta: "As estratégias e as táticas usadas contra o ativismo dos direitos animais não vão parar por aí. Elas já estão chegando ao movimento Black Lives Matter (Vidas Negras Importam), aos manifestos contra o discurso de posse de Donald Trump e aos movimentos de protesto contra o oleoduto Dakota Access. Está acontecendo uma ampliação do conceito de quem é considerado subversivo e perigoso e também uma tentativa de restringir essa discussão em relação às pessoas que estão no poder. Então, por definição, qualquer ação de uma pessoa que detenha algum tipo de poder não entra no debate".

Nas cozinhas de protesto, não há tempo para a nostalgia

A família "tradicional" foi um fenômeno novo dos Anos Dourados, uma década que representou mais uma despedida das décadas anteriores que um apogeu de tendências. Por exemplo, no século XIX, o compromisso com a domesticidade levou a mulher de classe média para fora de casa, o que melhorou as condições sociais das famílias pobres. Já nos anos 1950, essa ênfase na domesticidade restringiu o papel das mulheres de classe média ao lar. Na verdade, a quantidade de serviço doméstico das mulheres *aumentou* nessa década. As pessoas se casavam mais jovens e as mulheres tinham filhos mais cedo e com intervalos menores entre cada criança.

Na virada do século XX, as feministas, contestando a ideia de cozinha particular, propuseram as cozinhas comunitárias, com lanchonetes e serviços de entrega. Elas reconheceram a necessidade de reduzir a carga doméstica das mulheres, principalmente das que trabalhavam fora[15]. As cozinhas particulares eram vistas como uma forma ineficaz de preparar as refeições. E essa proposta – de incentivar o preparo comunitário de comida, em uma tentativa de aliviar a sobrecarga da mulher – foi esquecida nos anos 1950. Aos maridos, até cabia o papel do preparo, mas somente em situações que não em suas residências. Nos bairros de classe média, o churrasco de quintal era o domínio do homem, que fazia carnes na churrasqueira para o almoço de sábado. E os livros de receitas sustentavam essa hierarquia culinária, reforçando a ideia de que carne na churrasqueira é atribuição do homem, cabendo às mulheres se contentar com saladas ou em fazer outros pratos – dentro de casa.

A cozinha, ambiente já domesticado, se tornou um local privativo, feminino e despolitizado. Assim, como é possível o protesto sair *dessa* cozinha? Vamos ver que ela é o lugar mais lógico e essencial para permitir o protesto contra a tendência ao retrocesso.

E a grande ironia é que, embora não percebamos, os anos 1950 ainda existem em nossa vida, e de uma forma que não beneficia a democracia. Continuamos dependendo de dietas calcadas em carne, ovos e laticínios. Esse foco no uso de animais como fonte de alimentação é responsável por uma série de problemas, como veremos nos capítulos adiante. Há, no entanto, algo que todos podemos fazer: deixar a nostalgia no passado. Está na hora de repensar a cozinha, e que ela passe a funcionar como espaço para protesto, resistência e nutrição.

> Está na hora de repensar a cozinha para que se torne um espaço de protesto, resistência e nutrição.

Ação diária 1
Prove um leite vegetal

Trocar o leite de vaca por leite vegetal é a mudança mais fácil que você pode fazer. Os leites vegetais podem ser feitos de soja, amêndoa, coco, proteína de ervilha, arroz, avelã, cânhamo, nozes – até mesmo de pistache. Certamente, você encontrará pelo menos um que será do seu agrado.

Em termos nutricionais, há grande variação entre os tipos de leite. Por exemplo: tanto o de soja quanto o de proteína de ervilha oferecem a mesma quantidade de proteínas contidas em um copo de leite de vaca. No entanto, os leites à base de oleaginosas (inclusive de coco) e os de cereais costumam ter baixo teor de proteínas, embora algumas marcas de leite de amêndoa apresentem teor proteico mais alto. Os leites de cânhamo e linhaça contêm ácidos graxos essenciais. A maioria dos tipos de leite vegetal é enriquecida com cálcio e vitamina D em quantidades que permitem equipará-los às do leite de vaca. Se a bebida for tão importante na sua rotina alimentar, é recomendável que opte por marcas de fórmula enriquecida. Caso use o leite apenas como ingrediente culinário, esse detalhe não tem tanta importância.

Mas, se você bebe ou usa para acompanhar o cereal matinal, o que importa é que ele agrade o paladar e supra suas necessidades nutricionais. Para demais usos, certos leites são melhores que outros. A boa notícia é que você pode encontrar um leite vegetal para todo tipo de finalidade.

O **leite de soja** é uma boa opção para receitas de pães, doces e bolos graças ao seu teor proteico mais alto. Assim como em molhos, torta de abóbora e purê de batata. Você também pode usá--lo para fazer *buttermilk* (leitelho): adicione 2 colheres (chá) de vinagre de maçã a 1 xícara de leite de soja. Deixe a mistura descansar até talhar. Por ter menos gordura e calorias, e geralmente ser mais doce, o leite de soja "light" nem sempre é a melhor alternativa para o leite de soja integral.

Em geral, o **leite de proteína de ervilha** tem teor proteico equivalente ao de soja e de vaca. Apesar da consistência ligeiramente mais rala, ele é utilizado para substituir o leite de soja em praticamente tudo.

Dos leites veganos disponíveis no mercado, o **leite de amêndoa** provavelmente é o mais comum. Devido ao sabor ligeiramente mais adocicado, é muito usado em vitaminas e sobremesas. Dependendo da marca (e do seu paladar), pode ser doce demais para receitas salgadas.

Dos leites vegetais, o **leite de coco** é o que apresenta o maior teor de gordura. Embora funcione bem em receitas de pães, bolos e tortas, não é a melhor opção para usar em pudins e sobremesas cremosas, pois a gordura, ao se separar da parte líquida, pode levar a uma textura gordurosa. As bebidas (não alcoólicas) de leite de coco disponíveis no mercado têm sabor de coco, então caso pense em usá-las em receitas, lembre-se desse detalhe. Atenção: o leite de coco vendido em embalagens longa vida é diferente do leite de coco culinário, aquele vendido em garrafinhas ou latas. O leite de coco de garrafinha – inclusive o "light" – tem um alto teor de gordura, é espesso e cremoso. É excelente para ensopados com curry e também para sobremesas, mas não é bom para beber.

O **leite de arroz** tem consistência rala e, em geral, é adocicado. Inclusive, se usá-lo no mingau de aveia matinal, provavelmente você nem vai precisar adoçar. Em geral, ele não é boa opção para receitas de confeitaria ou molhos salgados.

O **leite de linhaça** tem uma consistência ligeiramente rala e lisinha. Fica ótimo em vitaminas ou sobremesas cremosas. Quando não adoçado, também pode ser usado em molhos salgados.

O **leite de aveia** tem sabor suave e consistência semelhante à do leite de vaca. Em relação ao teor de proteínas, tem ligeira vantagem sobre as oleaginosas, sendo também boa opção para molhos salgados e receitas de pães, bolos, biscoitos e tortas.

O **leite de castanha-de-caju** é um pouco menos doce que o de amêndoas (que também não é muito mais doce), sendo boa opção para receitas salgadas, como fettuccine Alfredo.

Você pode usar nossa tabela da página 40 como guia para os diferentes usos dos leites vegetais, mas lembre-se: são dicas, e não regras. Experimente seus leites preferidos nas receitas para descobrir quais são os que mais agradam ao seu paladar.

Leites vegetais e seus usos culinários

Receitas de confeitaria	Pudins e sobremesas cremosas	Purê de batata	Molhos salgados
• Soja • Ervilha • Coco • Aveia	• Soja • Ervilha • Castanha-de--caju	• Soja • Ervilha • Castanha-de--caju	• Soja • Ervilha • Coco • Semente de cânhamo • Aveia • Castanha-de--caju

Vitaminas	Para tomar com café	Para fazer *buttermilk* (leitelho)	Para beber
• Soja • Ervilha • Amêndoa • Coco • Castanha-de--caju • Arroz	• Soja • Castanha-de--caju	• Soja	• Seu leite vegetal preferido

Leites vegetais e suas propriedades nutricionais

Proteínas (teores semelhantes aos do leite de vaca)	Teores moderados de proteína	Gorduras ômega-3	Cálcio e vitamina D
• Soja • Ervilha	• Algumas marcas de leite de amêndoa • Aveia • Semente de cânhamo	• Semente de cânhamo • Linhaça	• Qualquer leite vegetal enriquecido (a maioria é)

Creme de espinafre
Rende 4 porções

O espinafre baby, de sabor mais suave, é uma boa opção para deixar a receita mais atrativa para as crianças (ou adultos que não gostam de hortaliças). Caso não tenha a verdura fresca, ou queira agilizar o preparo, pode usar espinafre congelado picadinho. No entanto, descongele-o e esprema para retirar o excesso de água. Acrescente-o diretamente ao molho e mexa até esquentar.

300 g de espinafre baby fresco
1 colher (sopa) de manteiga vegana ou azeite de oliva extra virgem
1 cebola pequena sem casca picada
½ colher (sopa) de farinha de trigo
½ xícara de leite de soja
¼ de colher (chá) de noz-moscada ralada ou em pó
½ colher (chá) de sal
⅛ de colher (chá) de pimenta preta moída na hora

- Coloque o espinafre em uma panela de água fervente. Cozinhe em fogo brando por 1 minuto. Escorra e aperte para retirar o excesso de água.
- Derreta a manteiga ou azeite em fogo médio. Adicione a cebola e refogue-a por cerca de 3 minutos, até que fique translúcida. Acrescente a farinha e cozinhe, mexendo sem parar, por 1 minuto.
- Acrescente o leite de soja, a noz-moscada, o sal e a pimenta. Aumente o fogo e cozinhe, mexendo sem parar, até que o creme engrosse.
- Adicione o espinafre e misture-o ao creme.

Licor irlandês vegano
Rende 24 doses (40 ml)

Para fabricar a versão vegana do famoso licor cremoso, a Bailey usa ingredientes à base de amêndoas. Mas você pode economizar e fazer seu próprio licor em casa, e bem rápido! A mistura de leites de castanha-de-caju e coco (o de garrafinha para uso culinário, não o de beber) confere cremosidade à bebida sem o sabor forte do fruto do coqueiro.

½ xícara de leite de castanha-de-caju
1 xícara de uísque irlandês
¾ de xícara de açúcar branco refinado
400 ml de leite de coco integral
1½ colher (chá) de cacau em pó
¾ de colher (chá) de essência de baunilha pura
¼ de colher (chá) de café solúvel

Bata todos os ingredientes no liquidificador em velocidade alta, até formar uma mistura lisa e cremosa. Deixe na geladeira durante uma noite para os sabores se mesclarem. Agite o licor antes de servir.

Ação diária 2
Valorize a culinária das Américas

Nós, veganos, valorizamos alimentos e receitas do mundo todo, e neste livro não será diferente. Mas vamos começar com pratos tipicamente dos continentes americanos, com ingredientes nativos e que já eram importantes na alimentação dos povos originários, muito antes da chegada dos colonizadores europeus.

Sopa das três irmãs
Rende 6 porções

Quando os europeus chegaram às Américas, os povos ameríndios já cultivavam milho, feijão e abóbora havia centenas de anos. Reza a lenda que essas plantas, comumente cultivadas juntas, eram conhecidas como as "três irmãs". Os pés de milho serviam de base para os feijoeiros se apoiarem, e os pés de abóbora, que se espalhavam na terra, formavam uma cobertura vegetal, ajudando a preservar a umidade do solo. O feijão, além de fazer a readubação, é fonte de proteína alimentar. Embora esta não seja uma autêntica receita da sopa, reúne esses três ingredientes com uma rica herança cultural nativa.

6 xícaras de caldo de legumes
2 xícaras de milho congelado (ou 450 g de milho em conserva)
400 g de feijão-vermelho ou feijão-carioca cozido e escorrido (ou 1½ xícara)
1 cebola pequena sem casca picada grosseiramente
1 talo de salsão picado grosseiramente
425 g de abóbora cozida e amassada
½ colher (chá) de sálvia desidratada
½ colher (chá) de pimenta chili suave em pó

- Ferva o caldo de legumes em fogo brando. Acrescente o milho, o feijão, a cebola e o salsão e deixe ferver em fogo brando por 10 minutos.
- Adicione a abóbora amassada, a sálvia e a pimenta em pó. Deixe ferver em fogo brando por 20 minutos.

Arroz mexicano
Rende 4 porções

Acompanhamento tradicional mexicano, este prato é criação de Richard Tamez para o *site* veganmexicanfood.com, que faz parte do projeto Food Empowerment, organização não governamental que busca criar um mundo mais justo e sustentável pelo reconhecimento do poder das escolhas alimentares.

1 colher (sopa) de óleo vegetal
¾ de xícara de arroz branco
1 tomate médio picado
½ cebola média sem casca picada
1 colher (sopa) de alho em pó
½ colher (sopa) de sal
2 xícaras de caldo de legumes
1 xícara de água

- Leve uma panela ao fogo médio a alto para aquecer o óleo. Assim que esquentar, adicione o arroz e refogue até dourá-lo uniformemente. Mexa sem parar para evitar que o arroz queime.
- No liquidificador, bata o tomate e a cebola picados, o alho em pó e o sal em velocidade média por aproximadamente 2 minutos, ou até formar uma mistura bem homogênea. Junte essa mistura ao arroz da panela e mexa bem até incorporá-la em todos os grãos.
- Adicione o caldo de legumes e a água por cima do arroz, e não mexa mais. Depois que o líquido da panela levantar fervura, reduza para fogo baixo e tampe. Fique de olho na panela, para evitar que o arroz queime, mas evite mexê-lo. Depois de uns 20 minutos, quando o líquido tiver evaporado da panela, apague o fogo, tampe a panela e deixe o arroz descansar por, no mínimo, 10 minutos antes de servir.

Ação diária 3
Experimente "carnes" veganas

Comida vegana com molho barbecue é bom. Mas você já usou esse mesmo molho na "carne" de jaca? De origem indiana, essa fruta é muito comum nas regiões tropicais do planeta. O aspecto mais interessante dela é que sua polpa, depois de desfiada, adquire uma textura muito semelhante à de carne de porco. E, como tem sabor suave, é excelente para receitas com molho barbecue.

Use jaca verde fresca ou conservada em água ou salmoura, se possível. Não use a jaca em calda; assim você evita que o sanduíche fique doce.

Sanduíche de "pernil" desfiado ao molho barbecue
Rende 6 sanduíches

Receita rápida e gostosa!

1,1 kg de polpa de jaca verde desfiada (conservada em água ou salmoura)
3 colheres (sopa) de azeite de oliva extra virgem
1 xícara de cebola sem casca picada
2 pimentas jalapeño (ou outro tipo de pimenta picante) sem sementes e bem picadas
2 xícaras de molho barbecue de sua preferência diluído em 2 xícaras de água
pães para montar os sanduíches

- Lave a jaca, escorra e esprema para retirar o excesso de água. Descarte as sementes e desfie a polpa. Coloque em uma peneira para escorrer.
- Em uma panela, aqueça o azeite. Refogue a cebola e as pimentas até a cebola amolecer.
- Adicione a jaca. Acrescente o molho barbecue diluído com água ao refogado. Quando a mistura levantar fervura, reduza a chama e ferva em fogo brando. Cozinhe por volta de 45 minutos a 1 hora. Não deixe o molho evaporar. O molho barbecue deve ficar espesso.
- Sirva nos pães tostados na churrasqueira ou na chapa com um pouco de azeite.

Cachorro-quente de cenoura

Rende 8 sanduíches, ou 4, se a fome for grande!

Não estamos afirmando que fique exatamente como um cachorro-quente tradicional, mas é uma alternativa divertida e deliciosa para deixar o lanche especial. As crianças adoram! Ou seja, é uma ótima opção para que comam mais legumes. Sirva-o no pão de cachorro-quente quentinho, com cebola grelhada, mostarda e chucrute ou com o que preferir. Ele também fica gostoso servido com feijão.

8 cenouras (use cenouras do mesmo tamanho, assim você garante um cozimento uniforme)
1 cubo de caldo concentrado de legumes
½ xícara de água quente
¼ de xícara de molho de soja
¼ de xícara de vinagre de maçã
1 colher (chá) de alho em pó
½ colher (chá) de cominho
½ colher (chá) de cebola em pó

1½ colher (sopa) de xarope de agave, melado ou outro
ingrediente adoçante líquido
½ colher (chá) de fumaça líquida
uma pitada caprichada de noz-moscada em pó
2 colheres (sopa) de azeite

- Retire as duas extremidades das cenouras.
- Em uma frigideira grande, coloque água em quantidade
  suficiente para cobrir as cenouras. Adicione-as assim
  que levantar fervura. Cozinhe-as em fogo brando de
  6 a 10 minutos, até ficarem macias. Verifique o ponto
  espetando-as com um garfo. Não deixe que amoleçam
  demais a ponto de se partirem. Quando estiverem
  cozidas, escorra-as e coloque-as em uma tigela com água
  e gelo – assim o cozimento será interrompido.
- Enquanto as cenouras cozinham, em uma tigela
  dissolva o cubo de caldo com a ½ xícara de água quente.
  Adicione o molho de soja, o vinagre de maçã, o alho
  em pó, o cominho, a cebola em pó, o agave ou melado,
  a fumaça líquida, a noz-moscada e 1½ colher (sopa) do
  azeite.
- Coloque as cenouras em um recipiente com tampa
  hermética ou saquinho com fecho *ziplock* e despeje a
  marinada por cima. Deixe-as marinando na geladeira
  por, no mínimo, 8 horas.
- Em uma frigideira, aqueça a ½ colher (sopa) restante
  de azeite. Retire as cenouras da marinada e escorra.
  Cozinhe-as em fogo médio com mais ½ xícara da
  marinada até evaporar e as cenouras ficarem bem
  marrons. A marinada vai ajudar a formar uma cobertura
  caramelizada nas cenouras.
- Sirva imediatamente.

CAPÍTULO 2

COMO A ALIMENTAÇÃO PODE AJUDAR A COMBATER AS MUDANÇAS CLIMÁTICAS

Entre os anos de 2008 e 2018, os Estados Unidos registraram o dobro de temperaturas máximas e mínimas diárias[1]. Quando os climatologistas analisaram os registros feitos pelas estações meteorológicas, concluíram que esse aumento era devido ao fenômeno do aquecimento global. Nos últimos 130 anos, a temperatura global subiu 0,85 °C. Segundo estimativas da Nasa, até o final do século XXI, é possível um aumento entre 2 °C e 6 °C[2].

Embora não pareçam, esses números são impactantes. Na verdade, podem ser catastróficos. Um aquecimento global dessa magnitude impulsiona as mudanças climáticas, nas quais se incluem alterações nos padrões das chuvas, maior frequência de estiagens e incêndios florestais, assim como maior incidência de eventos climáticos extremos, por exemplo, ondas de calor e formação de furacões. Com o derretimento das calotas de gelo, o nível dos oceanos sobe, contribuindo para processos de erosão e graves enchentes em regiões litorâneas. Essas mudanças trazem impactos à saúde humana, ao fornecimento de água, à agricultura, à estabilidade social e ao ecossistema.

Sim, é preciso um enfoque global no combate às mudanças climáticas, mas também temos a oportunidade de fazer a diferença para o planeta e seus habitantes diretamente de casa, na nossa cozinha. A alimentação representa uma forma vigorosa de impactar o aquecimento global e as mudanças climáticas.

As mudanças climáticas e a biodiversidade

Os impactos das mudanças climáticas sobre a natureza e a fauna já podem ser vistos no mundo inteiro. Com a elevação da temperatura dos mares, partes da Grande Barreira de Corais, no litoral da Austrália, já começaram a morrer[3]. Altos níveis de dióxido de carbono na atmosfera provocam a acidificação das águas dos oceanos, o que reduz a capacidade dos corais e outros animais marinhos que formam recifes de produzir conchas e esqueletos a partir do carbonato de cálcio.

A 16 mil quilômetros dali, no oceano Ártico, as calotas de gelo também estão desaparecendo[4]. Desde os anos 1980, mais de um terço da área total da camada de gelo ártico – aproximadamente 2,6 milhões de quilômetros quadrados – já foi perdido. Para as próximas décadas, o prognóstico é que essas calotas, que duram o ano todo, percam uma estreita faixa na porção mais ao norte do Canadá e da Groenlândia.

Essas mudanças tão drásticas já estão sendo sentidas pelos ursos-polares, que dependem das camadas de gelo para se alimentar e acabam usando as reservas corporais de gordura para sobreviver nos períodos sem calotas de gelo. E como esses períodos se prolongam cada vez mais, devido às temperaturas mais elevadas, a população de ursos-polares vem sendo reduzida. Alguns animais conseguem migrar quando seus territórios se modificam, mas esses mamíferos não têm para onde ir. "As calotas de gelo marinho são a base da vida para os ursos-polares", afirma Kristin Laidre[5], pesquisadora do Centro de Pesquisa Polar da Universidade de Washington. Em 75 anos, estima-se que não haverá mais ursos-polares no Alasca. A cobertura de gelo marinho da Antártica também está desaparecendo, e com ela vão-se as algas do gelo e o *krill*, principais fontes de alimento para peixes, aves e mamíferos marinhos.

A perda de algumas espécies pode não levar a mudanças tão imediatas e evidentes, mas, com o passar do tempo, é possível haver uma série de repercussões que afetam a alimentação, a água, o ar e os serviços de saúde. Um exemplo disso é que a queda drástica na população de tubarões na Costa Leste dos Estados Unidos levou ao aumento da população de peixes, que dizimaram os moluscos e crustáceos da região. A perda desses animais traz um impacto muito ruim para a qualidade das águas e também para a cobertura vegetal do relevo marinho, que é um importante local de alimentação para as tartarugas. As raízes densas dessa vegetação também protegem o leito do mar, defendendo as regiões litorâneas de tempestades.

> Substituir alimentos de origem animal por alimentos de origem vegetal é a mudança mais eficiente que se pode fazer pela saúde do planeta.

Os biólogos já identificaram cerca de 1,5 milhão de espécies que compartilham o planeta conosco, mas afirmam que ainda há milhões a serem catalogados. Ou seja, ainda temos um conhecimento limitado sobre como interagem flora, fauna, insetos e bactérias que nos cercam[6], mantendo o equilíbrio dos recursos que nos sustentam.

As mudanças climáticas
são uma questão de direitos humanos

Os povos dos países mais pobres do mundo são os mais vulneráveis aos impactos das mudanças climáticas, incluindo a elevação do nível do mar, desastres naturais, insegurança alimentar e doenças infecciosas. As alterações nos regimes de chuvas podem afetar o abastecimento e a qualidade da água. Mais da metade da população mundial depende do derretimento de calotas e neve para ter água. À medida que as temperaturas mais elevadas reduzem as geleiras[7], causando mais chuvas que neve, a água vai ficando mais escassa. E sua escassez é um dos fatores que podem levar à fome. Outro fator é o efeito das mudanças climáticas na agricultura. Segundo um estudo, elas devem reduzir em até 8% o rendimento das oito principais culturas agrícolas da África e do sul da Ásia[8]. Em regiões litorâneas, a elevação do nível do mar pode levar a alagamentos, contaminando fontes de água potável e facilitando a reprodução de insetos, como é o caso dos mosquitos transmissores da malária e da dengue. A água contaminada provoca diarreia, problema que mata mais de meio milhão de crianças por ano.

Segundo documento divulgado pela Casa Branca em setembro de 2016[9], os impactos das mudanças climáticas poderiam trazer efeitos negativos para a disponibilidade das forças militares, afetando suas instalações e seu treinamento, aumentando a demanda por ajuda federal tanto nos Estados Unidos como no exterior, em missões voltadas para estabilidade política e ajuda humanitária. (Lembrando que qualquer preocupação desse tipo desapareceu depois da posse de Trump, em janeiro de 2017.)

Segundo o *think tank* Adelphi, grupo independente de pesquisas e estudos, que tem um enfoque em mudanças climáticas, meio ambiente e desenvolvimento, essas mudanças criam condições favoráveis para grupos terroristas crescerem e levarem adiante suas estratégias[10]. Um exemplo disso é a ascensão do Boko Haram, na região do lago Chade, norte da África. Atualmente, ele está com $^1/_{20}$ do tamanho de 35 anos atrás. A escassez de recursos leva à disputa por terras e água, alimentando tensões sociais, deslocando populações e até provocando conflitos violentos. Grupos como o Boko Haram sabem explorar essas condições em seu benefício, pois as pessoas – principalmente os jovens desempregados e sem perspectiva – acabam se tornando vulneráveis ao recrutamento.

Evidentemente, as causas das crises humanitárias na África subsaariana são complexas, com muitas facetas. Embora elas não sejam provocadas pelas mudanças climáticas, pioram a situação ao contribuírem com condições ambientais mais frágeis.

E a questão da justiça climática também é relevante para as comunidades de pessoas com deficiência e idosas[11]. Por dependerem mais de tratamentos médicos, elas ficam mais vulneráveis em situações de catástrofes naturais. Em furacões, enchentes e incêndios florestais, esses grupos precisam de ajuda para sair de suas moradias.

As mudanças climáticas são um problema causado pela ação humana

É quase consenso que o cenário atual de aquecimento global se deve aos gases do efeito estufa lançados na atmosfera – entre os quais estão dióxido de carbono, clorofluorcarbonetos, metano e óxido nitroso –, que retêm o calor, impedindo-o de se dissipar no espaço. Esses gases se originam, em parte, da queima de combustíveis fósseis (carvão, petróleo e gás), junto às queimadas das florestas e atividades agropecuárias.

Reduzir a emissão de gases do efeito estufa é o segredo para desacelerar o processo de aquecimento global. Ou seja, é preciso aprimorar a eficiência energética, empregando fontes de energia que produzam pouco ou nenhum dióxido de carbono. E influenciar decisões em nível nacional é um tremendo desafio. Mas, enquanto lutamos para mudar os rumos da política, há muito que podemos fazer em casa. A nossa cozinha de protesto é uma solução eleita por inúmeras pessoas como a melhor maneira de reduzir a pegada de carbono.

Fábricas de proteína do avesso

Em 1971, em seu revolucionário livro *Dieta para um pequeno planeta*[12], Frances Moore Lappé criou o termo "fábrica de proteína do avesso" para explicar como funciona a produção moderna de carne. Segundo cálculos, para cada quilograma de carne bovina produzido nos Estados Unidos, são necessários aproximadamente quinze quilogramas de grãos e soja para ração[13]. Ainda de acordo com os seus cálculos, em termos nutricionais, recuperamos apenas 5% das calorias e 12% das proteínas usadas na alimentação dos bovinos. Apesar de esses números serem menos expressivos no caso da produção de carne de aves, ovos e leite, a correlação ainda está presente. Alimentar animais de criação com proteínas e calorias é um uso ineficiente desses recursos.

Não é difícil entender por que isso acontece. As calorias e proteínas oferecidas aos animais de criação não se convertem na produção de músculos, que são as partes consumidas. A maioria desses nutrientes é usada pelo organismo do animal para gerar energia, ou na constituição de partes do corpo que acabam não sendo consumidas. Só pelo desperdício, já seria um cenário muito ruim. O pior disso tudo é o efeito no planeta e no processo de aquecimento global, já que muitos recursos são gastos para produzir soja e grãos de ração animal. Se esses grãos fossem destinados apenas para o consumo humano direto, não seria necessário cultivar áreas tão grandes, permitindo economizar água e energia. Dependendo de uma série de fatores, consomem-se de 4 a 26 vezes a quantidade de água e de 6 a 20 vezes a quantidade de combustíveis fósseis para produzir proteína animal se compararmos com a produção da mesma quantidade de proteína de soja[14].

Já é de amplo conhecimento que regimes alimentares vegetais exploram menos recursos naturais. Em um estudo realizado na Califórnia com pessoas vegetarianas e não vegetarianas, foi constatado que a alimentação com carne exigia quase três vezes mais água e treze vezes mais adubo.

Além de retirar recursos de outras formas mais sustentáveis de produzir alimentos, a produção de carne, ovos e lácteos causa danos diretos ao meio ambiente. Esses danos acontecem devido a resíduos químicos[15] que podem causar acidificação, proliferação de algas e zonas mortas em lagos e regiões costeiras. A criação de animais para fins de alimentação gera 1,4 bilhão de toneladas de resíduos por ano, ou mais de 5 toneladas de resíduos para cada cidadão dos Estados Unidos[16]. A maior parte deles é lançada no ambiente sem tratamento, o que pode – na verdade, isso já aconteceu – contaminar alimentos e fontes de água[17].

> Temos a oportunidade de consumir de uma forma que alivie o peso do aquecimento global sobre o resto do mundo.

Desde o lançamento de *Dieta para um pequeno planeta*, já aprendemos que os danos ambientais associados às atividades agropecuárias industriais mencionadas no capítulo 1 vão muito além do esgotamento de recursos naturais. Essas atividades contribuem para o aquecimento global devido à emissão de gases do efeito estufa causada pelo uso de combustíveis fósseis tanto na produção em si quanto na cadeia produtiva – por emissões de óxido nitroso na aplicação de fertilizantes ou emissão de metano pelos animais.

Embora os animais maiores causem maior estrago ao meio ambiente, todo tipo de produção de animais é prejudicial ao ambiente, inclusive a de peixes. De acordo com o ambientalista marinho Daniel Pauly, da Universidade da Colúmbia Britânica, "embora a crise climática esteja sempre nas primeiras páginas dos jornais, as pessoas – inclusive as que se gabam de uma grande consciência ambiental – continuam consumindo peixe como se fosse um produto sustentável. Mas o sushi de atum do restaurante japonês é tão prejudicial ao meio ambiente quanto dirigir uma SUV ou matar um peixe-boi"[18].

Nas fazendas marinhas produtoras de camarão, por exemplo, se gasta mais energia que na produção de aves e bovinos de corte, principalmente por causa da necessidade de aeração e de troca de água[19]. A retirada de peixinhos dos oceanos para alimentar grandes peixes carnívoros também tem afetado mamíferos marinhos, como os golfinhos, que dependem desses peixes para sobreviver. Ao mesmo tempo, a pesca predatória de peixes carnívoros de grande porte pode desequilibrar o ecossistema marinho, por causa do aumento na produção de dióxido de carbono[20].

Todo tipo de produção de alimentos contribui para a formação de gases do efeito estufa, mas a diferença do impacto da produção de vegetais em relação à de animais é significativa. O sistema de produção de alimentos é responsável por mais de um quarto de todas as emissões desses gases, sendo que 80% vêm da criação de animais[21].

Embora consumir alimentos de produção local seja uma boa maneira de ajudar a sua cidade, não é algo que reduza tanto a pegada de carbono, pois a maioria das emissões desse gás envolvendo alimentação tem origem na produção, e não no transporte.

Com tantas notícias desoladoras sobre a situação atual do mundo, é comum se sentir impotente, incapaz de gerar algum impacto positivo. Mas, para as más notícias sobre as mudanças climáticas, trazemos uma boa notícia: temos a possibilidade de mudar o futuro. Está em nossas mãos – nos garfos, nas colheres e nos palitinhos: substituir alimentos de origem animal por alimentos de origem vegetal é a mudança mais eficiente pela saúde do planeta. Quando os cientistas cruzaram os dados sobre emissão de gases do efeito estufa associados a 61 diferentes categorias de alimentos, constataram que, salvo uma exceção, os maiores vilões dessa lista eram produtos lácteos ou de carne[22]. Pesquisadores da Universidade Loma Linda, na Califórnia, calcularam a média das emissões de gases do efeito estufa de veganos e vegetarianos e as compararam com a média das emissões de pessoas que consomem vários tipos de carne, ou apenas peixe. Quanto menos alimentos de origem animal, menores as emissões de gases de efeito estufa associadas à dieta. As emissões associadas às pessoas que consomem carne foram duas vezes mais altas que as dos veganos[23].

A soja e a Floresta Amazônica

A Amazônia, a maior floresta tropical do mundo, já foi chamada de "pulmões do mundo" graças a sua capacidade de retirar o dióxido de carbono do ar e convertê-lo em oxigênio. Com os níveis cada vez mais elevados de dióxido de carbono na atmosfera, é agora que precisamos da Amazônia mais que nunca. No entanto, devido às queimadas para abrir pasto e áreas para plantio de soja, ela está encolhendo, assim como sua capacidade de redução do carbono.

Um equívoco comum é o de que devemos parar de consumir alimentos à base de soja, já que sua produção está por trás da destruição das florestas tropicais[24]. A maior parte dessa leguminosa produzida na Amazônia é exportada para virar ração de animais de criação. É uma dupla agressão ambiental. A criação industrial de animais, além de emitir gases do efeito estufa, devido à devastação de florestas para o plantio de lavouras para produzir ração animal, reduz a capacidade de o planeta processar esses gases. Quando levamos em conta o cenário da "fábrica de proteínas ao avesso", faz sentido que a melhor maneira de proteger as florestas tropicais seja consumindo soja e outros alimentos de origem vegetal, em vez de consumir os animais que comem essa soja.

Como substituir a carne: leguminosas e hambúrgueres

Uma simples mudança – trocar carne por leguminosas – pode ter um impacto significativo na emissão de gases do efeito estufa[25]. Essa é a conclusão de pesquisadores de quatro universidades após uma pesquisa conjunta para medir esses efeitos no meio ambiente. Mesmo que mais nada mudasse, trocar a carne por leguminosas permitiria aos Estados Unidos obter entre 46% e 74% das reduções necessárias para atingir os objetivos de redução de emissões para 2020. Essa substituição pode também liberar 42% das terras cultivadas usadas atualmente nos Estados Unidos. Embora o estudo tenha focado em mudanças na alimentação considerando a população desse país, as conclusões claramente se aplicam a qualquer população em cuja alimentação a carne tenha papel central.

Como as leguminosas são ricas em proteínas e têm baixa pegada de carbono, acabam sendo uma forma excelente de consumo para proteger o planeta do aquecimento global. Além de retirar pouco do planeta, elas fixam nitrogênio no solo, devolvendo à terra o que outros cultivos retiram.

Trocar a carne por preparações mais processadas de proteínas vegetais, como hambúrguer e outros substitutos veganos de carne, ainda traz menos impactos ao meio ambiente. O processamento de alimentos por si só exige energia, contribuindo para o aquecimento global. Mas até mesmo os alimentos que envolvem algum tipo de processamento, como leite de soja, tofu e hambúrguer vegetariano, produzem muito menos gases do efeito estufa se comparados a alimentos de origem animal.

Combate às mudanças climáticas: depende de nós

Nos últimos dez anos, a produção mundial de carne aumentou 20%. As populações das nações industrializadas são as maiores consumidoras de carne, quase o dobro da quantidade consumida pelos países em desenvolvimento[26].

Certamente, escolher o que comer é um privilégio de que a maioria da população não dispõe. E, já que os impactos dos nossos hábitos são sentidos no mundo todo e os impactos das mudanças climáticas afetam os povos mais pobres, com menos recursos para reagir a essas alterações, esse privilégio se torna uma escolha tremendamente notória. Temos a oportunidade de consumir de uma forma que alivie o peso do aquecimento global sobre o resto do mundo.

Adotar uma alimentação com mais vegetais também é uma forma de fazer valer a nossa resistência a um sistema político que nega o impacto humano nas mudanças climáticas e se recusa a combatê-las – algo que põe em xeque nossa posição

60 COZINHA DE PROTESTO

dentro da comunidade mundial. Será que precisamos levar essa inércia para a nossa vida?

Mesmo com a ameaça do aquecimento global, que é amplamente divulgada, os países mais industrializados continuam incapazes de realizar mudanças importantes para desacelerar esse processo. As autoridades dos Estados Unidos, por exemplo, também não conseguem acompanhar o restante do mundo nem ao menos para reconhecer as causas e as consequências humanas das mudanças climáticas. E até os que demonstram essa preocupação evitam discutir mudanças alimentares, com medo de afastar as pessoas. Cabe a nós trabalhar com organizações que buscam preservar o meio ambiente, nos envolver em atividades de resistência política contra retrocessos, manter contato com os representantes eleitos e não ter medo de analisar e mudar os hábitos culinários. Não subestime o impacto importante de suas escolhas alimentares.

> Uma alimentação de base vegetal é uma forma de fazer valer nossa resistência a um sistema político que nega as mudanças climáticas e se recusa a combatê-las.

Reduzir a pegada de carbono não é uma tarefa complicada. É tão simples quanto tirar a carne moída do chili e trocá-la por feijão. Ou experimentar tofu mexido no café da manhã. Ou pedir um hambúrguer vegetariano – hoje em dia há opções deliciosas – quando sair para lanchar.

Ação diária 4
Experimente alimentos à base de soja

Presentes há séculos em países asiáticos, os alimentos à base de soja são historicamente usados como importantes fontes de proteínas. O tipo e a quantidade de soja nas dietas asiáticas variam de acordo com o país e a região, mas, em geral, são consumidas de uma e meia a duas porções de soja por dia. As formas mais comuns de consumi-la são tofu, leite de soja, missô e, na Indonésia, tempeh.

De todos os alimentos vegetais, sua produção é a que menos exige recursos naturais e menos emite gases do efeito estufa, tendo como diferencial o alto teor proteico, superior ao de outros alimentos vegetais, inclusive outras leguminosas. Ou seja, no quesito de aporte proteico, a soja é a campeã.

E, por também ser versátil, é uma ótima pedida para dietas veganas. Veja uma listinha dos alimentos de soja mais consumidos:

Edamame é a soja verde, ainda não madura, colhida com 75% de maturação. Ao contrário da soja madura, tem um sabor suave. É muito usado como petisco em bares, cozido na vagem e servido com cerveja. Ele é vendido fresco ou congelado, descascado ou na vagem. Cozinhe-o por 15 minutos em água com sal. Sirva-o como petisco ou em saladas de grãos.

Salgadinhos de soja são feitos com grãos de soja secos, reidratados e assados, saborizados com molho de soja ou outros temperos. Ricos em energia, esses salgadinhos são perfeitos para levar em trilhas e também para dar um toque crocante às saladas.

O **leite de soja** já era importante nas dietas asiáticas antes de os leites vegetais se popularizarem em outros países. Ele nada mais é que o líquido retirado dos grãos hidratados e triturados. Você pode usá-lo para substituir o leite de vaca em qualquer receita, ou simplesmente para beber ou usar com cereais matinais.

O **tofu** é o leite de soja misturado a um agente coagulante. Quando coagulado, é prensado em fôrmas, podendo adquirir vários graus de consistência. Um processo ligeiramente diferente, mas ainda usando o leite, produz um tofu bem macio e delicado, chamado de tofu soft. Na Ásia, costuma-se servir o tofu em sopas ou refogado com legumes, arroz ou macarrão. Graças aos vegetarianos, hoje conhecemos vários usos não tradicionais para ele, como doces e sobremesas cremosas, recheio de lasanha e patês para sanduíches. Por ter sabor neutro, pode ser usado tanto em preparações doces como salgadas. É impossível fazer jus ao tofu em apenas alguns parágrafos; existem livros de culinária inteiramente dedicados a esse ingrediente. Experimente receitas de tofu, temos certeza de que você vai encontrar um preparo que agrade.

O **tempeh** é um ingrediente muito antigo da culinária da Indonésia, onde ainda é produzido em "fábricas" de fundo de quintal. No modo caseiro, é feito com os grãos de soja inteiros – às vezes com a adição de arroz ou de outros grãos, que servem para iniciar o processo de fermentação – enrolados em folhas de bananeira. Em relação ao sabor, é comum ser comparado a cogumelos. Fica gostoso refogado com legumes e servido com arroz e molho picante de amendoim. Também fica ótimo assado no forno ao molho barbecue.

O **missô**, pasta fermentada e salgada à base de soja, é a essência da culinária japonesa. Sua variedade e sua fabricação no Japão podem ser comparadas à produção vinícola de outras regiões. Usado como tempero para caldos e molhos, também é um bom substituto para o queijo parmesão no preparo de molho pesto.

A **proteína texturizada de soja**, ou **PTS**, é a amiga do cozinheiro frugal. De textura granulada e seca, ela é obtida da farinha de soja desengordurada. De baixo custo e com alto teor de proteínas, também tem ótima durabilidade. É por isso que costuma ser incluída em *kits* emergenciais de alimentos. Depois de

Isto é o que se sabe sobre o consumo de soja e o câncer: a soja é rica em substâncias chamadas isoflavonas. Esses compostos, também conhecidos como fitoestrogênios ou estrogênios vegetais, ligam-se aos mesmos receptores hormonais das células ao qual o hormônio feminino estrogênio se liga[27].

Mas o caso dos efeitos biológicos das isoflavonas é muito mais complexo. Elas são bastante seletivas em relação aos receptores celulares aos quais se ligam; como resultado, apresentam efeitos no organismo muito diferentes daqueles do estrogênio. Em alguns casos, eles agem como estrogênios, mas, em outros, têm efeitos antiestrogênicos. Às vezes podem não ter efeito nenhum.

O que se sabe, após décadas de pesquisas com humanos, é que os alimentos de soja não aumentam os riscos de câncer de mama[28]. Ao contrário, foi apontado que o consumo desses alimentos na infância e na adolescência pode reduzir o risco de desenvolver câncer de mama ao longo da vida. Em estudos realizados nos Estados Unidos e em países asiáticos, constatou-se que mulheres com câncer de mama apresentam um prognóstico melhor de cura quando são consumidoras regulares de soja[29]. Há ainda outros resultados indicando que a ingestão de soja pode reduzir o risco de câncer de próstata[30]. Há pesquisas que correlacionam o alto consumo de leite de vaca a um aumento do risco de câncer de próstata; assim, para os homens, trocar o leite de vaca pelo de soja pode ser uma boa opção[31].

reidratada, a PTS é muito usada para substituir carne moída, e fica ótima em receitas à base de tomate, como chili, molho de macarrão e sanduíches.

O chamado **bife de soja**, assim como a proteína de soja, também é um produto desidratado, mas é feito do grão integral. Relativamente novo na culinária vegana, não demorou a conquistar legiões de fãs, principalmente graças à consistência agradável, mais resistente à mordida. Bem temperado e refogado, quando em tirinhas, é ótimo para substituir frango em sopas, empadões e pratos ao estilo oriental. Esse ingrediente também é perfeito para preparar bacon vegano, como o que trazemos na página 90.

Croquetes de milho e tofu
Rende 24 unidades pequenas

Leves, fofinhos e saborosos, estes croquetes de textura delicada são de preparo fácil, e uma ótima maneira de apresentar tofu para os mais céticos. Use farelo de pão fresco, e não dormido. Caso não conheça a levedura nutricional, leia mais sobre esse ingrediente na página 121.

2 fatias de pão integral
½ xícara de castanha-de-caju
½ xícara de água
250 g de tofu
¼ de xícara de cebola sem casca bem picada
2 colheres (sopa) de levedura nutricional
2 xícaras de milho verde (se usar o congelado, descongele antes de usar)
½ colher (chá) de manjericão desidratado ou
   1 colher (sopa) de manjericão fresco picado
½ colher (chá) de sal

- Preaqueça o forno a 180 °C.
- Corte o pão em cubos. Triture-os no processador em modo pulsar até que formem farelo. Reserve.
- Bata a castanha-de-caju, a água e o tofu no processador (não há necessidade de lavá-lo depois de triturar o pão) até formar uma mistura lisa e homogênea. Passe para uma tigela e adicione o restante dos ingredientes.
- Com o auxílio de um boleador de frutas ou de uma colher pequena para sorvete, forme os croquetes. Arrume-os em uma assadeira antiaderente. Pulverize os croquetes com *spray* de azeite.
- Leve-os para assar até firmarem, por aproximadamente 20 minutos. Sirva-os como petisco ou acompanhados de salada verde e pão quentinho.

Tofu chinês
Rende 4 porções

Nesta receita, o tofu é preparado com o chamado "tempero chinês", mistura muito usada nas culinárias asiáticas. Se você não encontrar à venda em mercados ou lojas especializadas, pode preparar a sua versão caseira tostando e moendo 2 colheres (sopa) de sementes de erva-doce, 1 colher (sopa) de canela em pó, 1 colher (sopa) de pimenta preta, 1 colher (chá) de cravo-da-índia e 4 anises-estrelados, mas existem muitas variações, de acordo com a região. O sabor do prato vai depender do tipo de mistura que você usar, mas de uma coisa tenha certeza: sempre fica gostoso!

500 g de tofu firme escorrido
⅓ de xícara de molho de soja
1 colher (sopa) de água

1 colher (sopa) de xarope de bordo (ou um ingrediente
adoçante líquido, como melado)
1 colher (chá) de tempero chinês (ver receita acima)

- Corte o tofu em cubos de 1 cm. Arrume os pedaços em
  uma assadeira, formando uma única camada.
- Em uma tigela à parte ou em um copo de medida,
  misture o molho de soja, a água, o xarope de bordo e as
  especiarias. Regue o tofu na assadeira com essa mistura.
  Deixe-o para marinar na geladeira por, no mínimo,
  1 hora.
- Preaqueça o forno a 180 °C.
- Cubra a assadeira com papel-alumínio e leve ao forno
  por 30 minutos. Retire o alumínio, misture os cubos de
  tofu e termine de assar por mais 20 minutos.

Homus de edamame
Rende 2 xícaras

Para preparar este homus, basta trocar o grão-de-bico da receita
tradicional por edamame cozido. Apresentamos aqui nossa versão preferida desta delícia.

¼ de xícara de salsinha fresca
½ xícara de tahine
¼ de xícara de suco de limão-siciliano
2 dentes de alho sem casca picados
1½ xícara de edamame descascado (retirado das vagens)
sal a gosto

Leve todos os ingredientes ao processador e bata até formar uma pasta lisa e homogênea. Este homus dura 5 dias na geladeira.

Sanduíche Reuben vegano
Rende 4 sanduíches

Na época da faculdade, Ben, filho de Carol, sempre fazia este sanduíche. Um colega dele, que nem era vegano, até o elegeu como o melhor Reuben que já provou. Anos depois, Ben ainda comentava sobre o sanduíche. Pois resolvemos incluí-lo em nosso livro *Never Too Late to Go Vegan* [Nunca é tarde para virar vegano] e também neste. Esta receita é maravilhosa demais, perfeita para todas as idades.

450 g de tempeh
3 colheres (sopa) de azeite de oliva (ou mais, se for necessário)
3 colheres (sopa) de molho shoyu ou tamari (ou mais, se for necessário)
2 colheres (sopa) de água (ou mais, se for necessário)
1 xícara de chucrute
230 g de queijo vegano (mozarela vegana funciona bem)
pão de centeio
molho para Reuben (receita a seguir)

- Cozinhe o tempeh durante 20 minutos em uma panela ou cesta de cozimento a vapor. Em seguida, corte-o ao meio, na horizontal, para formar duas fatias finas. Corte cada fatia de tempeh em quatro pedaços.
- Misture o azeite, o molho tamari e a água. Coloque os pedaços de tempeh em uma tigela e regue com essa marinada. Leve o tempeh à geladeira para marinar durante 1 hora.
- Retire o tempeh da marinada e leve-a para a frigideira. Se a marinada tiver sido toda absorvida, misture 1 colher (sopa) de água, 1 colher (sopa) de molho tamari e 1 colher (sopa) de azeite e leve à frigideira.

- Aqueça a marinada em fogo médio e adicione os pedaços de tempeh. Em fogo brando a médio, cozinhe--os em uma frigideira tampada de 5 a 8 minutos. Vire o tempeh, cubra-o com o chucrute e, em seguida, com o queijo vegano. Se necessário, adicione um pouco de água no fundo da frigideira e continue cozinhando em fogo brando de 2 a 3 minutos até o queijo derreter.
- Torre o pão rapidamente. Passe o molho na torrada. Coloque, por cima, o tempeh, o chucrute e o queijo.

Molho para Reuben
Rendimento: 4 sanduíches

3 colheres (sopa) de maionese vegana
2 colheres (sopa) de ketchup
2 colheres (sopa) de picles picados
1 colher (sopa) de vinagre de maçã
¼ de colher (chá) de sal
uma pitada de pimenta preta moída na hora
endro fresco picado a gosto

Misture bem todos os ingredientes.

Ação diária 5
Aprenda a gostar de leguminosas

A família das leguminosas inclui feijão, soja e amendoim – todas excelentes fontes de proteína vegetal. Ricos em nutrientes, fibras e proteínas, o consumo desses alimentos está associado à redução do risco de desenvolver várias doenças crônicas. O feijão também está no cerne de culinárias de várias partes do mundo. Além disso, é um dos alimentos mais econômicos de todos, principalmente quando preparado em casa.

Você pode cozinhar o feijão na panela de pressão (elétrica ou comum) ou na panela tradicional. Deixar o feijão de molho acelera o processo de cocção, mas para a maioria dos tipos, não é necessário. Apesar disso, para o grão-de-bico, recomendamos o demolho, já que demora mais a cozinhar. Para quem tem propensão a formar gases com feijão e outras leguminosas, manter os grãos de molho por uma noite e descartar a água antes de cozinhá-los ajuda a soltar alguns açúcares que causam flatulência em algumas pessoas.

Para o cozimento do feijão e de outras leguminosas, lave-os, coloque em uma panela e cubra com 4 xícaras de água para cada 1 xícara de grãos. Tempere com sal, espere levantar fervura e cozinhe em fogo brando até os grãos amolecerem. Depois, esses grãos podem ser usados nas suas receitas preferidas. As versões em conserva, além de práticas para quem tem pressa, também são igualmente nutritivas.

Feijões e leguminosas funcionam bem em todos os tipos de culinária. E nem é preciso ter uma receita para transformar feijão cozido em um prato rápido. Trazemos aqui sete ideias para você começar.

Salada completa de grãos: Misture 1 xícara de feijão cozido com 3 xícaras de grãos ou cereais cozidos. Adicione ¼ de xícara de coentro picado, ¼ de xícara de cebola picada, ¼ de xícara de salsão, tempere com ervas frescas e o molho de sua preferência.

Salada mexicana de feijão: Misture 2 xícaras de feijão-preto, feijão-vermelho ou feijão-carioca cozido com ½ xícara de salsa mexicana (ver Ação diária 29) e ½ xícara de milho. Sirva a salada em uma tortilla, com abacate e tomate picados.

Buraco quente vegano: Refogue 2 xícaras de feijão cozido com pimentão vermelho, alho e cebola picados. Tempere com um pouco de molho inglês, ketchup, sal e pimenta. Sirva em pão francês ou pão de sal.

Feijão mediterrâneo: Em uma panela, refogue ½ xícara de cebola picada e 3 dentes de alho bem picados em 2 colheres (sopa) de azeite de oliva. Adicione 2 xícaras de feijão-branco cozido e ¼ de xícara de pimentão assado ou tomate seco. Tempere com ervas frescas.

Feijão ao molho barbecue: Misture ¼ de xícara de molho barbecue para 1 xícara de feijão cozido. Sirva por cima da batata assada.

Sopa de missô com feijão-azuki: Dissolva ¼ de xícara de missô (ver página 62) em 4 xícaras de água. Adicione 1 xícara de feijão-azuki cozido. Acrescente ¼ de xícara de cebolinha picada na hora de servir.

Patê de feijão-preto: Em um processador, triture 1½ xícara de feijão-preto cozido, 1 colher (sopa) de vinagre balsâmico, ½ colher (sopa) de suco de limão-taiti, 1 dente de alho sem casca picado, 1 colher (sopa) de azeite de oliva, 1 colher (sopa) de coentro picado, sal e pimenta preta a gosto. Sirva o patê com crudités ou chips de tortilla.

Crostini de patê de feijão-branco
Rende 4 porções (serve como entradinha)

Este patê de feijão pode ser feito um dia antes, o que ajuda a apurar o sabor. Além disso, fica ótimo com crudités ou torradas de pão pita.

3 colheres (sopa) de azeite de oliva extra virgem
¼ de xícara de pimentão vermelho bem picado

¼ de xícara de cebola sem casca bem picada
3 dentes de alho sem casca bem picados
½ colher (chá) de tomilho desidratado
½ colher (chá) de alecrim fresco bem picado
1½ xícara de feijão-branco escorrido
1 colher (sopa) de suco de limão-siciliano
sal e pimenta preta a gosto
1 pão folha grande ou 1 disco de massa de pizza assada
2 tomates grandes cortados em rodelas
salsinha picada para decorar

- Preaqueça o forno a 200 °C.
- Em uma frigideira, aqueça 2 colheres (sopa) do azeite.
  Refogue o pimentão vermelho e a cebola até ela ficar
  translúcida, algo em torno de 5 minutos. Adicione o
  alho, o tomilho e o alecrim, e refogue por mais
  1 minuto. Acrescente o feijão e misture para cobri-lo
  com o azeite e as ervas. Apague o fogo e adicione o suco
  de limão. Com o auxílio de um garfo ou amassador de
  batata, amasse o feijão até obter um purê pedaçudo.
  Tempere com sal e pimenta preta.
- Pincele o restante do azeite no pão ou na massa de
  pizza. Espalhe o patê de feijão por cima e decore com o
  tomate. Asse por 8 minutos, até esquentar. Finalize com
  a salsinha antes de servir.

Ação diária 6
Experimente hambúrguer vegetal

Hoje em dia existem boas opções de hambúrguer vegetal em supermercados e lanchonetes. Algumas marcas reproduzem o sabor e a textura do hambúrguer de carne – inclusive a suculência –,

e são 100% vegetal. Já outras distribuem apenas para restaurantes e lanchonetes. No mercado, procure as opções de hambúrguer vegetariano na seção de congelados ou em lojas de produtos naturais.

Cada vez mais restaurantes oferecem essa variedade, e existem inúmeras receitas feitas com feijão, grãos, legumes e até banana. Quando pensamos em hambúrgueres vegetarianos, o céu é o limite. Eles não têm gosto de hambúrguer de carne nem foram feitos com essa intenção. As receitas de hambúrguer caseiro que trazemos aqui são deliciosas.

Hambúrguer defumado de feijão-preto
Rende 8 unidades

A páprica defumada confere um sabor marcante a este hambúrguer. Esta receita é criação de nossa amiga Allison Rivers Samson (allisonriverssamson.com), especializada em culinária vegana natural e caseira. Como ele é ótimo para congelar, fica a dica: faça o dobro da receita. Sirva-os em pão de hambúrguer, com seus molhos preferidos.

1½ colher (chá) de óleo vegetal, mais um pouco para fritar os hambúrgueres
1 cebola média sem casca bem picada
¾ de xícara de salsão bem picado
4 dentes de alho sem casca picados
1 colher (chá) de orégano desidratado
1 colher (chá) de tomilho desidratado
1 colher (sopa) de páprica defumada
¼ de colher (chá) de pimenta calabresa (opcional)
3½ xícaras de feijão-preto cozido e escorrido
1 colher (chá) de mostarda de Dijon
¾ de colher (chá) de sal

½ colher (chá) de pimenta preta moída na hora
1½ xícara de aveia em flocos finos (não usar aveia instantânea)

- Em uma frigideira grande em fogo médio, esquente 1½ colher (chá) de óleo. Adicione a cebola e refogue por 3 minutos. Acrescente o salsão e refogue por mais 2 minutos. Depois o alho, o orégano, o tomilho, a páprica e a pimenta calabresa (caso decida usá-la). Refogue por mais 2 minutos. Retire do fogo e reserve.
- Em uma tigela grande, amasse o feijão cozido com o auxílio de um amassador ou garfo. Adicione a mostarda, o sal e a pimenta preta. Em seguida, incorpore o refogado e a aveia, e misture bem.
- Com o auxílio de um medidor de ½ xícara, molde os hambúrgueres com 1 cm de espessura e coloque-os sobre uma assadeira grande forrada com papel-manteiga.
- Cubra o fundo da frigideira com um pouco de óleo. Frite os hambúrgueres em fogo médio de 3 a 5 minutos, ou até dourarem, de ambos os lados. Adicione mais óleo à frigideira para evitar que grudem.
- Observação: se congelar os hambúrgueres já fritos, deixe-os descongelar por 20 minutos antes de reaquecer. Leve-os ao forno a 180 °C por 20 minutos.

CAPÍTULO 3

JUSTIÇA ALIMENTAR

Quando o espaço para competição de "Melhor mac'n'cheese" de Baltimore estourou a lotação, na edição de 2016, Brenda Sanders já atuava havia muitos anos na comunidade pela causa da justiça alimentar. A disputa foi mais uma tentativa criativa de reunir muitas dessas questões importantes para ela. "O mac'n'cheese é uma receita sagrada na comunidade negra", declarou. Mas dá para fazê-la sem lácteos? Dá, sim, e foi uma aula deliciosa dentro do evento. Brenda, que atua pela construção de um novo sistema de saúde dentro da comunidade, descobriu com os colegas que essa é mais uma forma de divulgar seu trabalho.

Em seu ativismo, ela discute maus-tratos e desigualdades na produção e distribuição de alimentos. E traz estratégias inovadoras para solucionar as necessidades que resultam dessa disparidade. Em um dia, ela está trabalhando na horta comunitária. Em outro, está distribuindo quentinhas de comida vegana para as pessoas sem acesso a esse tipo de alimentação. Além do concurso de mac'n'cheese, Brenda participa da organização do Vegan SoulFest, também em Baltimore.

No outro lado dos Estados Unidos, na Califórnia, lauren Ornelas, que também é ativista na justiça alimentar, desenvolve receitas mexicanas veganas para combater o que chama de *"apartheid* alimentar", ou seja, a imposição dos padrões alimentares dos colonizadores europeus – incluindo os alimentos lácteos – sobre os descendentes dos povos mesoamericanos. Ela também atua em um projeto com trabalhadores migrantes, para oferecer condições seguras de moradia e trabalho a essas pessoas, além de tocar uma campanha para fornecer material escolar para filhos de trabalhadores rurais. Como parte da sua atuação na Food Empowerment Project, ONG fundada por ela em 2008 para tratar questões de injustiça alimentar, ela denuncia as dificuldades que comunidades negras de baixa renda enfrentam no acesso a alimentos saudáveis. E, pela própria natureza da justiça alimentar, lauren tem uma atuação variada e de longo alcance. Segundo ela, esse trabalho envolve prestar atenção "em toda a cadeia de suprimento, para que todas as partes envolvidas sejam tratadas com respeito e tenham a oportunidade de melhorar de vida e sobreviver sem sofrimento. E todos têm acesso a alimentos saudáveis e culturalmente adequados".

Embora complexo, o trabalho pela justiça alimentar pode ser dividido em quatro categorias:

- Garantir uma disponibilidade maior de alimentos saudáveis e culturalmente adequados.
- Combater as mudanças climáticas provocadas pela produção agropecuária.
- Boicotar produtos cuja produção envolva exploração de mão de obra.
- Criar soluções locais e comunitárias.

Adotar uma alimentação vegana pode ser uma forma de reagir a essas questões de várias maneiras.

Justiça alimentar e o meio ambiente

A elevação dos mares, o aquecimento dos oceanos, as secas e a instabilidade climática afetam modos de subsistência tradicionais e também a produção de alimentos, como já discutimos no capítulo 2. Embora ativistas e ONGs do mundo inteiro estejam trabalhando na solução dessas questões, poucas são as organizações que levam em conta a relação da alimentação com o aquecimento global e a destruição ambiental. Um grupo dedicado a promover essas políticas públicas é o Brighter Green. Junto de colaboradores, a diretora executiva, Mia McDonald, atua com organizações comunitárias, agências não governamentais e líderes de países africanos, latino-americanos e asiáticos em desenvolvimento para estimular ações públicas que beneficiem o ambiente e os animais e promovam sustentabilidade. A Brighter Green também se envolve diretamente em projetos pelo fortalecimento de indivíduos e grupos para criar caminhos de desenvolvimento sustentável e reduzir os efeitos das mudanças climáticas. Seu trabalho demonstra a ligação entre justiça alimentar e justiça climática, revelando como a produção de alimentos vegetais, além de gastar menos recursos, também proporciona uma alimentação mais saudável e a possibilidade de as populações marginalizadas terem controle sobre essa produção.

De acordo com Dawn Moncrief, fundadora da ONG A Well-Fed World, sediada em Washington, as populações com maior fragilidade alimentar são aquelas desproporcionalmente prejudicadas por eventos climáticos extremos, como secas, furacões, tsunâmis e enchentes. Acontecimentos como esses impactam a produção e também a distribuição de alimentos, o que cria mais oportunidades para a ação de grupos terroristas, como discutimos no capítulo anterior. Em um mundo em que todo dia morrem 20 mil pessoas por problemas relacionados à fome, enquanto as populações mais favorecidas consomem em excesso carnes, lácteos e ovos, cuja produção exige uso excessivo de terras e outros recursos, Dawn prega a seguinte visão: "Em um mundo bem alimentado, todos têm comida suficiente, e os tipos certos de comida, ou seja, alimentos que aumentam o bem-estar das pessoas, dos animais e do planeta".

Racismo ambiental

Quando os animais ficam no pasto, seus excrementos caem na terra, que recicla os dejetos sob forma de nutrientes para o solo. Na pecuária industrial praticada nos dias de hoje, os animais ficam confinados em espaços apertados, e seu esterco tem que ser retirado e descartado. O material costuma ser armazenado em fossas ao ar livre, no chamado manejo em lagoas. Nelas, o esterco entra em decomposição, liberando gases nocivos. Quando essas lagoas são atingidas por enchentes, o conteúdo pode vazar e contaminar fontes de água. Foi isso que aconteceu na Carolina do Norte, em 1999: o dejeto dos porcos confinados de uma propriedade vazou das lagoas durante a passagem do furacão Floyd, provocando a contaminação da água.

Só nessa região dos Estados Unidos, suínos confinados em propriedades de corte produzem quase 40 bilhões de litros de fezes e urina. Parte do esterco é retirada das lagoas e pulverizada nos campos, deixando uma nuvem asquerosa e malcheirosa no ar. O estado da Carolina do Norte é o segundo maior produtor de carne suína do país, e as propriedades de criação e abate ficam localizadas desproporcionalmente perto de comunidades de pessoas negras e de baixa renda. Elas acabam apresentando um risco maior de desenvolver doenças associadas à presença de gases tóxicos, como asma, e problemas de saúde relacionados à alimentação. A exposição a contaminantes químicos pode estar relacionada a defeitos congênitos.

Infelizmente, essas pessoas dispõem de poucos recursos, sendo que, em muitos casos, não existe nem a opção de sair desses lugares. E, para piorar, os deputados da Carolina do Norte criaram leis que dificultam ações jurídicas contra os produtores rurais graúdos. Os dejetos das grandes propriedades rurais são um problema para todos, e o esterco de suínos é um problema de dimensões ambientais, de saúde e de justiça social.

Insegurança alimentar

De acordo com o Departamento de Agricultura dos Estados Unidos, mais de 41 milhões de pessoas vivem em lares em situação de insegurança alimentar. Ou seja, há épocas do ano em que essas famílias não conseguem oferecer alimentos a todos. Essa dificuldade pode acontecer pela falta de dinheiro para comprar comida, ou pela falta de outros recursos, como transporte, para conseguir comprar.

Existem outros fatores importantes que afetam o acesso à alimentação, incluindo a capacidade de compra e a disponibilidade de alimentos culturalmente adequados. Alimentos hipercalóricos e nutricionalmente pobres são mais baratos que frutas e hortaliças. Alimentos como leite de vaca, que muitas pessoas das comunidades negra e hispânica não podem consumir (ver página 27), são muito mais baratos que leite de amêndoa e soja graças a subsídios do governo. Em bairros com muitas lanchonetes e poucos mercados, as pessoas têm menos acesso a alternativas a lácteos.

Segundo classificação do governo dos Estados Unidos, "desertos alimentares são bairros com alta concentração de famílias de baixa renda nos quais pelo menos um terço das pessoas vive a mais de dois quilômetros de distância de mercados ou supermercados". (Em regiões rurais, a distância considerada é de vinte quilômetros.)[1] Sem mercados ou supermercados, fica mais difícil conseguir alimentos frescos.

O curioso é que o termo "deserto alimentar" recorre a uma metáfora da natureza para descrever um ambiente social criado por decisões sociais. Por exemplo, grandes franquias de lanchonetes, como KFC, Burger King e McDonald's, conseguiram receber financiamento federal voltado para pequenas empresas nos anos 1960 porque os donos de cada franquia eram categorizados como microempresários daquelas lojas[2]. Graças a esse apoio federal, as multinacionais de *fast-food* conseguiram penetrar nas áreas rurais que antes evitavam. As redes nacionais de supermercados não operavam com o sistema de franquias. Por serem administrados por empresas grandes, os supermercados não tiveram direito de receber o financiamento voltado para pequenas empresas, e assim não conseguiram levar suas lojas para as mesmas áreas que as lanchonetes.

A importância dos desertos alimentares é um assunto que gera debates[3]. Entretanto, embora as pesquisas sobre essa questão sejam contraditórias, a opinião majoritária entre os profissionais de saúde pública é que a falta de acesso a mercados, principalmente quando aliada à facilidade de acesso a lanchonetes e lojas de conveniência, se traduz em maiores riscos de doenças crônicas.

Os trabalhadores e a justiça alimentar

Trabalhadores de matadouros

Quando falamos em justiça alimentar, não estamos falando apenas do acesso à alimentação, mas também das pessoas que trabalham na produção de alimentos. No início do século XX, o escritor e ativista Upton Sinclair passou seis meses investigando a indústria de matadouros de Chicago. Suas descobertas o inspiraram a escrever o romance *The Jungle* [A selva], que diz respeito à vida de imigrantes lituanos que trabalham sob condições degradantes e insalubres em um matadouro. Consta que, após o lançamento do livro, o consumo de carne caiu pela metade. O setor de matadouros, porém, não aceitou calado. Na época, o Bureau of Animal Industry [Associação das Indústrias de Proteína Animal] afirmou que as situações apresentadas eram "falsas, enganosas" e "tremendamente absurdas".

No entanto, foi graças à pressão da população que o governo federal aprovou leis que garantiam inspeções sanitárias adequadas, determinando também que se criasse uma agência governamental com esse propósito, que mais tarde se tornou a Food and Drug Administration (FDA, na sigla em inglês), a agência regulatória de medicamentos dos Estados Unidos.

Certamente, houve melhorias, mas uma coisa não mudou: passados mais de cem anos, trabalhadores imigrantes ainda sofrem com condições insalubres nos matadouros. E conforme o consumo de carne subiu, a velocidade de trabalho exigido nos matadouros aumentou a reboque. É um trabalho fisicamente extenuante e de movimentos repetitivos, podendo provocar lesões. Em um único turno, um funcionário pode fazer 10 mil cortes[4]. Muitos trabalhadores desse setor sofrem de dores crônicas nas mãos, punhos, braços, ombros e nas costas. Os índices de lesões e doenças ocupacionais nesse grupo são mais altos que o normal[5]. Movimentos repetitivos, turnos longos, pouco tempo para afiar as facas e a pressão para trabalhar cada vez mais rápido são a fórmula certa para o aumento dos riscos de lesões.

De acordo com um estudo realizado em 2008, publicado no periódico *Georgetown Journal on Poverty Law & Policy,* presenciar a dor e o sofrimento dos animais pode levar a problemas psicológicos, danos bastante significativos[6]. Os trabalhadores de matadouros podem ser suscetíveis a um quadro de estresse pós-traumático. O tipo mais comum é aquele em que a pessoa participa de situações que causariam sofrimento se ela fosse a vítima. Conhecido como estresse induzido por ato violento, ele pode ser ligado a situações de raiva, violência e violência doméstica[7].

E aí você pode se perguntar: "Mas quem faria um trabalho desse? Quem iria querer passar o tempo todo matando animais, todos os dias?" A resposta, claro, é ninguém. Esse trabalho é o que resta às pessoas sem opção.

Os trabalhadores dos matadouros nos Estados Unidos são, em sua maioria, não caucasianos e moradores de bairros de baixa renda. Um terço dessas pessoas vem da América Latina. Muitas vezes são imigrantes ilegais e que não falam inglês, sendo os trabalhadores mais vulneráveis a riscos ocupacionais e assédio sexual. Por estarem ilegalmente nos Estados Unidos, evitam denunciar condições insalubres de trabalho e outras violações da legislação estadunidense. Esses trabalhadores temem ser demitidos ou deportados quando buscam atendimento médico.

Além dos imigrantes ilegais, outros segmentos vulneráveis da população são empregados em matadouros. Na Dakota do Sul, sobreviventes porto-riquenhos de um furacão começaram a trabalhar em um matadouro de perus[8]. Essa medida foi chamada de "nova forma de atender à necessidade constante de mão de obra para as vagas mais aviltantes do mercado estadunidense". Na zona rural de Oklahoma, um "programa de tratamento" para condenados por envolvimento com drogas – com a proposta de manter essas pessoas fora da cadeia – na verdade funciona como um campo de trabalhos forçados, que atende os matadouros para as grandes indústrias alimentícias. Nesses lugares, essas pessoas retiram vísceras de frangos abatidos, que são vendidos para grandes cadeias de lanchonetes e mercados. Além de não receber nenhum tratamento, não são remuneradas pelo trabalho, e o dinheiro vai para uma organização chamada Christian Alcoholics & Addicts in Recovery[9].

Nesse cenário, talvez o grupo de maior invisibilidade seja o dos imigrantes que limpam os matadouros depois de todo o processo de insensibilização, choque, abate, esfola, evisceração, desossa, corte da carcaça, serragem do peito, corte dos cascos, pendura e outras intervenções nos cadáveres dos animais[10]. Usando desinfetantes e água fervente, eles lavam esses locais, retirando sangue e pedaços de corpos. Os acidentes de trabalho são inevitáveis.

A exploração das camadas mais desassistidas da força trabalhadora ajuda a manter baixos os preços da carne nos mercados. Existem outros problemas relacionados à justiça alimentar dentro de toda a produção de alimentos, sobretudo na exploração dos trabalhadores rurais, mas o tratamento daqueles que abatem e que limpam os matadouros é uma questão central.

O chocolate e a escravidão infantil

Tem coisa mais aconchegante e inocente que um chocolatinho quente para se aquecer em uma noite de frio? E, vá, confesse: é divertido pegar os chocolates que as crianças ganham na Páscoa! Contudo, a produção de maior parte do chocolate do mundo envolve a exploração de crianças. Na região oeste da África, os produtores de cacau recebem menos de 2 dólares por dia. Para manter os custos baixos, acabam empregando mão de obra infantil. E é bem possível que as crianças que trabalham nas plantações de cacau tenham sido vendidas pelas famílias pobres ou sequestradas por traficantes. Elas são submetidas a longas jornadas, sob perigosíssimas condições de trabalho, usando facões, peixeiras e até serras. Podem morar em condições insalubres e sem alimentação adequada. Podem receber castigos físicos quando tentam fugir, ou se forem lentas no trabalho. Na Costa do Marfim, 40% das crianças exploradas nas fazendas de cacau não frequentam a escola.

As condições de vida e trabalho variam de fazenda para fazenda, mas tanto em Gana quanto na Costa do Marfim quase

2 milhões de crianças trabalham sob as piores condições possíveis. Como as grandes empresas, essas mesmas que lucram 60 bilhões de dólares na indústria do chocolate, poderiam ajudar essas crianças? Pagando valores mais dignos aos produtores, de modo a não incentivar o uso de trabalho escravo e infantil.

Infelizmente, é difícil saber se o chocolate que consumimos foi produzido com trabalho infantil; além disso, não há padronização de rótulos "*fair trade*" (comércio justo e responsável) para doces. Em linhas gerais, é muito provável que um chocolate originário do oeste da África tenha sido produzido com trabalho infantil ou escravo. O Food Empowerment Project oferece uma lista de chocolates veganos e de boa procedência. Nos Estados Unidos, essa lista pode ser acessada via *apps* de celular, facilitando sua escolha na hora da compra.

Alimentos saudáveis para todos

A trajetória de Brenda Sanders como ativista se iniciou no dia que ela descobriu um fato: a tremenda diferença – vinte anos – na expectativa de vida entre os bairros abastados e brancos e os bairros pobres e negros de Baltimore. Embora haja muitos fatores por trás dessa diferença, alimentação e doenças crônicas foram os principais apontados. Equipada com um mostruário e utensílios, Brenda foi a várias igrejas e feiras da área de saúde para divulgar formas de adotar uma alimentação mais vegetal. Com essa iniciativa, ela enfrentou a injustiça da falta de opções e ainda chamava atenção para o racismo por trás dessa situação. Segundo Brenda, muita gente pensa que "esses negros pobres não estão nem aí". *Sim*, essas pessoas se importam; elas querem algo diferente, mas está fora do alcance delas. Quando chegamos e perguntamos: "Gostaria de provar? Elas aceitam, elas querem".

Todas as pessoas, não importa a situação econômica, deveriam ter a opção de se tornar veganas e a oportunidade de seguir caminhos mais sustentáveis e menos nocivos para os animais. É uma postura racista pressupor que as populações mais desfavorecidas da sociedade não são capazes de ter empatia ou compaixão, ou que não tentam resolver o problema, quando, na verdade, elas não tiveram tempo para pensar no assunto, tampouco condições materiais.

As hortas comunitárias são uma forma eficaz de promover a justiça alimentar. Elas proporcionam alimentos saudáveis, acessíveis e culturalmente adequados a pessoas com poucos recursos. Segundo Brenda, em Baltimore, essas hortas ficam lotadas. "Crianças, famílias... foi mágico. Criamos um santuário de plantas nessas comunidades urbanas. Quando se planta uma horta, os insetos e pássaros aparecem. As crianças nunca tinham visto algumas espécies de pássaros. E elas ficaram encantadas ao ver todos aqueles animais na periferia. E os pais e as mães tiveram uma chance de se aproximar mais dos filhos."

> Todas as pessoas, não importa a situação econômica, deveriam ter a opção de se tornar veganas.

As hortas urbanas têm um verdadeiro poder transformador, como demonstra uma iniciativa em Milwaukee, Wisconsin. Nessa cidade de 600 mil habitantes, que fica no chamado Cinturão da Ferrugem (Rust Belt), existem mais de 150 hortas urbanas e 26 feiras livres, fazendo de Milwaukee a cidade dos Estados Unidos com a maior quantidade de hortas por morador. Todos têm autorização para vender em feiras e mercados os hortifrútis que produzem. Um projeto local, o Victory Garden, oferece canteiros de terra, sementes e aulas de horticultura para quem deseja iniciar uma horta. Com isso, o projeto busca criar um "sistema alimentar nutritivo, socialmente justo, ambientalmente sustentável e acessível a todos". Segundo Venice Williams, diretora executiva de outro projeto (Alice's Garden), não se trata de mais uma "modinha culinária". "É algo que minha família faz há muitas gerações", afirma Williams, que é afrodescendente e também ameríndia, do povo Choctaw. No processo de aclimatação em um novo país, um grupo muito beneficiado pelo projeto de hortas urbanas são os refugiados sírios, alguns dos quais já tinham experiência com agricultura[11].

Ao longo dos anos, os ativistas mais "raiz" viram seus esforços e iniciativas se transformarem em atitudes com impacto muito maior que jamais haviam sonhado. Em 1974, as sementes da organização Plenty International foram plantadas quando os moradores de uma comunidade agrícola vegana em Summertown, no Tennessee, começaram a distribuir os excedentes de produção aos moradores da região. Desde o começo dessa iniciativa – doar alimentos veganos a comunidades carentes –, muitos voluntários saem de todo o país, e também da América Central, do Caribe e da África, para ajudar. Apelidada de "The Hippie Peace Corps", essa organização ensina produção de alimentos, ajuda a promover uma alimentação nutritiva, com alimentos vegetais de alto teor proteico, oferece livros para crianças carentes, atendimento médico e ajuda humanitária em situações de catástrofes naturais.

> Ao optar por comida vegana, você está contribuindo para promover justiça.

A Food Not Bombs (FNB) também foi fundada por ativistas há quase quarenta anos. No início dos anos 1980, voluntários se juntaram para protestar contra as guerras e a pobreza e também para distribuir comida gratuitamente. Com foco na justiça pelas pessoas e pelos animais, as unidades da FNB distribuem apenas comida vegetariana (e incentivam opções veganas), trabalhando no combate à pobreza nas comunidades, à guerra e em prol da organização dos imigrantes. Os voluntários também distribuem comida para manifestantes e trabalhadores em greve, além de oferecer ajuda humanitária em situações de desastres naturais. Atualmente, essa organização conta com mais de quinhentas cidades distribuídas pela Europa, Oriente Médio, África, Américas, Ásia e a região do Pacífico.

Uma organização mais recente, mas em franco crescimento e que também traz alívio para os necessitados por distribuir comida vegana, é a Chilis on Wheels. As unidades locais distribuem marmitas veganas para pessoas em situação de rua ou de insegurança alimentar. Os voluntários também fornecem comida aos cachorros que vivem com as pessoas em situação de rua atendidas.

Justiça alimentar na cozinha de casa

Pode ser que sua situação não lhe permita começar uma horta comunitária ou um projeto no seu bairro para distribuição de comida aos necessitados, mas saiba: há coisas que você pode fazer e terão um impacto significativo na luta contra a injustiça alimentar. Optar por mais alimentos veganos já é um começo. Com a alimentação vegana, é possível reduzir a contribuição no aquecimento global e ainda boicotar fabricantes que exploram os trabalhadores dos matadouros. Além disso, ela também representa uma mudança importante na maneira como as pessoas pensam o ato de se alimentar. Ou seja, quando você começa a conhecer melhor os impactos da alimentação vegana, fica claro que se alimentar é uma ação que vai muito além da saúde ou do prazer pessoal.

E analisar esses impactos sobre os outros – sejam pessoas, sejam animais – cria um espaço para a justiça alimentar. Ao entenderem a força que suas escolhas alimentares têm, muitos veganos passaram a estar mais envolvidos em iniciativas locais em prol de causas mais justas.

Como já vimos neste capítulo, há oportunidades de fortalecer a justiça alimentar que vão além do veganismo. Gaste um pouco mais, mas compre chocolates de marcas que não exploram mão de obra infantil. Ou comprometa-se a evitar restaurantes que exploram os funcionários. Nos Estados Unidos, é possível consultar listas de restaurantes com condições boas ou ruins de trabalho. Aplicativos de celular podem ser consultados para esse fim; também nos Estados Unidos, há um aplicativo chamado YEI Food Justice, desenvolvido por adolescentes do projeto Youth Empowerment, para ensinar justiça alimentar a outros jovens. Ofereça comida vegana aos que passam fome. (Veja em Ação diária 10.)

Pense em formas de divulgar ideias sobre justiça alimentar dentro dos seus círculos sociais. Se você frequenta uma igreja, lance uma campanha incentivando a missão do veganismo e da justiça alimentar. Na próxima vez que participar de um bazar beneficente, que tal oferecer brownies veganos, feitos com ingredientes de boa procedência? É uma ótima maneira de puxar o assunto e levantar essa questão. Descubra maneiras de distribuir comida para pessoas em situação de insegurança alimentar.

Sempre que você opta por comida vegana, está abrindo espaço para que se faça justiça pelos trabalhadores de matadouros, pelos animais e pelo meio ambiente.

Ação diária 7
Experimente mac'n'cheese vegano

Para fazer esta delícia ainda mais saborosa e também inclusiva, não é preciso usar queijo.

Mac'n'cheese da Carol
Rende 8-12 porções

Esta é a adaptação criada por Carol a partir de uma receita que originalmente leva três queijos e dois tipos de leite. No verão, quando ela serve o macarrão nos churrascos veganos, todo mundo volta para repetir – e alguns pedem até pela terceira vez!

Para deixar a receita mais leve, você pode usar metade da quantidade de mozarela e cheddar. Você pode servi-lo para acompanhar o churrasco vegano ou como prato único.

250 g de macarrão curto pré-cozido e escorrido
½ a 1 xícara de castanha-de-caju (demolhada por uma noite)
1½ xícara de água
400 ml de leite de coco
220 g a 300 g de tofu extramacio
1 colher (chá) de mostarda de Dijon
4 dentes de alho sem casca
½ colher (chá) de cúrcuma
¼ a ½ colher (chá) de pimenta-de-caiena
¼ a ½ colher (chá) de páprica
½ colher (chá) de sal
pimenta preta moída na hora (a gosto)
1 maço de couve sem os talos e cortada em tiras finas
1 embalagem de mozarela vegana ralada
1 embalagem de cheddar vegano ralado
½ xícara de levedura nutricional

90 COZINHA DE PROTESTO

- Cozinhe o macarrão. Depois de escorrê-lo, reserve-o em uma tigela.
- Bata as castanhas com 1½ xícara de água no liquidificador.
- Adicione o leite de coco, o tofu, a mostarda de Dijon, o alho, os temperos, sal e a pimenta preta no copo do liquidificador e bata mais, até formar uma mistura homogênea.
- Misture o creme batido com o macarrão cozido.
- Acrescente a couve picada ou minicouve (bastante!), os queijos e a levedura nutricional.
- Unte o fundo e as laterais de uma panela elétrica com óleo vegetal.
- Coloque a mistura de macarrão com creme na panela. Caso use mais macarrão que a quantidade indicada e o creme pareça seco, adicione leite de soja não adoçado.
- Tampe e cozinhe em temperatura alta de 60 a 90 minutos. Reduza a temperatura para baixa, até a mistura se solidificar, processo que leva, no mínimo, 3 horas. Não tem problema se grudar um pouco nas laterais.

Ação diária 8
Experimente bacon vegano

Tirar o bacon e outros cortes suínos da alimentação é uma forma de proteger o planeta e também apoiar as pessoas e animais vítimas da produção industrial de animais.

Bacon vegano
Por que existem versões comerciais de bacon vegano? Porque alguns veganos sentem falta do sabor salgadinho e defumado

desse produto. Em alguns supermercados, existem opções de bacon vegano à base de seitan defumado, soja, tofu e tempeh, e você também pode optar por tofu defumado.

Outra opção interessante para dar um toque crocante às saladas é a proteína texturizada de soja sabor bacon. Para refogar hortaliças e preparar broinhas, uma boa opção para substituir a banha é a manteiga de coco.

Embora seja produto prático e rápido, fazer bacon vegano caseiro também é divertido. Existem receitas de bacon vegano à base de bife de soja, de papel de arroz (sério!), tofu, tempeh, seitan, berinjela e cogumelo.

Um ingrediente essencial para o seu preparo é a fumaça líquida, que pode ser encontrada nas seções de temperos de mercados e lojas especializadas. Em seu livro de receitas *World Vegan Feast* [Banquete mundial vegano], Bryanna Clark Grogan explica que a fumaça líquida é produzida canalizando a fumaça da queima de lascas de madeira até um condensador. Com essa técnica, o vapor da queima vira líquido, retendo os componentes aromáticos hidrossolúveis. Na etapa da filtragem, os compostos insolúveis são retirados do produto, garantindo sua segurança para dar o irresistível toque defumado às preparações. A maioria das receitas de bacon vegano depende da combinação de fumaça líquida, sal e algum tipo de adoçante para obter o sabor semelhante ao do bacon.

Bacon de soja
Rende 6 porções

O bife de soja, de textura firme, quando temperado com páprica defumada e fumaça líquida, se torna uma ótima alternativa para o bacon. Caso não encontre as tirinhas de bife de soja para fazer a receita, você pode substituir por tempeh.

120 g de bife de soja em tirinhas
2 colheres (sopa) de xarope de bordo ou outro ingrediente adoçante líquido
3 colheres (sopa) de molho de soja
1 colher (chá) de páprica defumada
2 colheres (chá) de fumaça líquida
2 colheres (sopa) de óleo vegetal

- Coloque os bifes de soja em uma tigela refratária e cubra com água fervente. Deixe de molho na água quente até os bifes ficarem macios, processo que deve levar 10 minutos. Escorra e aperte para retirar o excesso de água.
- Em uma tigela à parte, misture o xarope, o molho de soja, a páprica defumada e a fumaça líquida. Cubra os bifes de soja com essa mistura. Leve-os para marinar na geladeira por, no mínimo, 1 hora.
- Esquente o óleo em uma panela em fogo médio e acrescente as tirinhas de bife de soja junto ao líquido da marinada. Refogue até que dourem.
- Sirva com pão torrado, alface, tomate e maionese vegana.
- Se usar tempeh, cozinhe 220 g no vapor por 10 minutos, e em seguida corte-o em fatias finas. Deixe marinando por 1 hora e refogue em seguida.

Ação diária 9
Use chocolate de boa procedência

Antes de comprar chocolate, consulte na *internet* a lista de fabricantes com boas práticas trabalhistas, comerciais e de produção.

Brownie de abobrinha
Rende 12 brownies

Estes brownies são molhadinhos, com casquinha crocante, do jeito que deve ser! A papinha de ameixa deixa a massa supercremosa e molhada.

2 xícaras de farinha de trigo
1½ xícara de açúcar
1 colher (chá) de sal
1 colher (chá) de bicarbonato de sódio
½ xícara de cacau 100% (sem açúcar)
2 colheres (sopa) de baunilha
¼ de xícara de óleo
¼ de xícara de ameixa-preta bem picada e amassada
2 xícaras de abobrinha descascada e ralada
½ xícara de nozes (opcional)

- Preaqueça o forno a 180 °C. Unte uma assadeira de 20 cm × 30 cm.
- Em uma tigela, misture a farinha, o açúcar, o sal, o bicarbonato de sódio e o cacau. (Para evitar que a massa empelote, peneire os ingredientes secos.)
- Adicione a baunilha, o óleo, a ameixa, a abobrinha e as nozes (caso use). Misture bem. Esse processo pode demorar um pouco, já que a abobrinha solta um pouco de água.
- Deite a massa na assadeira untada e leve para assar. Verifique o ponto da massa depois de 30 minutos no forno, mas observe que ela pode levar mais tempo para assar.
- Opcional: polvilhe com açúcar de confeiteiro no brownie já assado.

Ação diária 10
Entre em grupos de distribuição de comida vegana aos necessitados

Nos Estados Unidos, há cada vez mais iniciativas que buscam levar comida vegana saudável aos necessitados, em cidades grandes e também menores. Procure na *internet* grupos com esse tipo de iniciativa, ou abra o seu grupo.

Outra maneira de oferecer alimentos veganos saudáveis é fazendo doações para instituições. Você pode doar feijão, proteína de soja, macarrão, molho de tomate e leite vegetal de validade mais prolongada.

Chili vegano
Rende 6 porções

Esta receita de chili vegano já está há anos na família de Virginia. Também é ótima opção para distribuir em quentinhas aos mais necessitados. Dica: ele fica melhor ainda reaquecido no dia seguinte.

1 xícara de água fervente
1 xícara de PTS (ver página 62)
420 g de tomate pelado picado em lata
220 g de molho de tomate pronto
1 cebola grande sem casca picada grosseiramente
1 pimentão verde picado
1 colher (chá) de pimenta-de-caiena em pó
2 colheres (sopa) de pimenta vermelha em pó (ou a gosto)
2 colheres (chá) de cominho em pó
2 colheres (chá) de alho em pó
1 colher (chá) de orégano desidratado

¼ de colher (chá) de pimenta-da-jamaica
420 g de feijão-vermelho, carioca ou preto cozido

- Despeje a água fervente sobre a PTS e deixe descansar por 5 minutos.
- Em uma panela, misture com os ingredientes restantes, menos o feijão, tampe e deixe ferver em fogo brando por 1 hora.
- Adicione o feijão e deixe ferver por mais 30 minutos em fogo brando. Sirva-o em tigelinhas acompanhado de broa de fubá.

CAPÍTULO 4

A MISOGINIA NO *FAST-FOOD*

A agropecuária é um dos grandes instrumentos para manutenção e disseminação de comportamentos e ações misóginos. A princípio, essa relação pode não parecer tão evidente já que várias dessas práticas são realizadas longe da vista do público. Mas o fato é que, sem uma exploração sexual contínua, não haveria carne, lácteos e leite. Os produtores mantêm fêmeas prenhes até o momento do abate. A exploração reprodutiva incessante que permeia a agropecuária exige uma visão misógina das fêmeas e da reprodução feminina.

Neste capítulo, mostraremos como a opressão aos animais de criação fortalece a misoginia. Ela existe na forma como os animais são tratados e como produtores, empresas farmacêuticas e trabalhadores rurais falam desses animais. Também analisaremos como a cultura de incentivo ao consumo de carne contribui para a objetificação da fêmea por causa da publicidade. E a misoginia do *fast-food* joga pesado. Atingindo de mulheres a animais fêmeas repetidamente, essas práticas fazem pouco-caso das identidades femininas e as destroem, tentando desarmar seus males ao mesmo tempo que reforça comportamentos e atos de ódio.

Um aspecto da misoginia é equiparar as mulheres aos seus corpos. Funções orgânicas, como gestação, lactação e menstruação, são vistos como animalescos e como processos que acabam com a racionalidade, tornando as mulheres biologicamente mais próximas dos animais que os homens. Além do mais, a misoginia é o motor que move o tratamento e o *status* desiguais dados às mulheres. Essa desigualdade vem sendo introduzida com leis, práticas e instituições de um jeito que fortalece os homens e enfraquece as mulheres. Seja por práticas que afetam tanto a vida de mulheres como a de animais, essas medidas servem para sustentar o sistema patriarcal. Mesmo que essa informação seja ocultada da maioria da sociedade, tudo isso repercurte para todos nós.

Carne e masculinidade

No livro *A política sexual da carne*, Carol sustenta que o consumo de carne passou a ser associado à masculinidade, por causa da visão segundo a qual o homem tem que comer carne para reforçar a masculinidade. De acordo com essa linha de raciocínio, o homem ameaça sua masculinidade ao não comer carne e também ao preferir vegetais, que seria território do feminino. E é fácil encontrar manifestações desse tipo de crença em nossa época. Uma edição da revista especializada em musculação *Muscle and Fitness* mostrou na capa um rapaz branco, musculoso e sem camisa segurando um pedaço de carne com a mão esquerda, ao mesmo tempo que, com a outra mão, metia a faca em um pedaço de carne, acompanhado da manchete "Coma que nem homem"[1]. Ambientes ligados ao universo masculino, como churrascadas, fraternidades universitárias, boates de *striptease* e cervejadas prometem a união masculina, a "broderagem", oferecendo carne e garantindo, assim, uma liberdade de consumo incontestável. Em uma crítica gastronômica, o jornal *Boston Globe* se referiu a uma casa de carnes como "enroladinho de testosterona com bacon"[2].

A publicidade de *fast-food* também bate nessa tecla. Em alguns estabelecimentos, o prato feito é chamado de "prato de homem". Nos Estados Unidos, uma rede de comida mexicana, ao anunciar um prato com o triplo da quantidade de carne, passava o recado de que aquela porção era "coisa de homem"[3].

E esse discurso não é usado apenas para vender comida. Em um anúncio de suvs, um cliente que compra tofu no mercado se vê angustiado diante de outro cliente com o carrinho cheio de carne vermelha. A solução? Correr para a concessionária e comprar um suv. O *slogan* tradicional da marca – "Recupere a sua masculinidade" – posteriormente foi trocado para "Recupere o seu equilíbrio"[4].

Em todos esses anúncios, comer carne se torna um indicador – é *o* que homens *de verdade* fazem: eles comem carne, não são "um bando de maricas", não são "bichinhas". Não comem alimentos associados ao feminino, à fraqueza. Perceba a ironia desse cenário: para igualar o consumo de carne com liberdade e força, é preciso aceitar ditames culturais relacionados à masculinidade, ao mesmo tempo que há um medo de questionar estereótipos de gênero. Ainda é preciso aceitar se beneficiar de métodos covardes para criar, traumatizar e matar animais.

Esse elo entre o consumo de carne e características como força e liberdade já foi adotado por supremacistas brancos, os mesmos homens que cunharam o termo "papa-tofu" para ofender homens progressistas. Aproveitando-se da crença incorreta, porém comum, de que a soja provoca um aumento do estrogênio no organismo masculino, com esse termo pretende-se insinuar que homens progressistas tendem a comer menos carne, o que os deixa "fracos" e "afeminados". Do ponto de vista dos direitistas, que se calcam no fetiche pelo masculino, esse apelido cai como um tremendo insulto. Xingar homens de "papa-tofu" mostra, mais uma vez, que a alimentação tem, sim, caráter político.

O termo "papa-tofu" reflete a crença infundada de que comer soja leva a maiores níveis de estrogênio e menores níveis de testosterona, que provocariam traços femininos em homens[5].

Não é difícil entender de onde vem esse tipo de crença. A soja é rica em isoflavonas, um tipo de fitoestrogênio, ou estrogênio vegetal. No entanto, essas isoflavonas não são a mesma coisa que o hormônio feminino, o estrogênio.

No organismo humano, as isoflavonas de soja apresentaram efeitos nocivos nas taxas de hormônios masculinos apenas nos casos em que os pacientes da pesquisa consumiam quantidades absurdamente altas de soja, ou seja: mais de doze porções diárias.

As pesquisas clínicas sobre os efeitos da soja nos hormônios masculinos revelam um cenário bem mais tranquilizador. Mais de quarenta estudos, incluindo aqueles em que pacientes homens ingeriam quantidades de isoflavonas maiores que as consumidas na Ásia, revelam que o consumo regular de soja não tem impacto nos níveis de testosterona, na contagem nem na qualidade de espermatozoides[6]. Para se ter uma noção da quantidade de soja que pode ser consumida sem riscos, podemos observar os padrões de consumo tradicionais da Ásia[7], onde a média diária é de uma porção e meia a duas por dia, com alguns homens comendo até três ou quatro porções diárias.

Sexualização dos animais

Na publicidade da carne, a mensagem é que os animais desejam ser comidos como parte de seu destino; para isso, usam-se imagens e linguajar que representam esse desejo como sexual. E, ao fazer isso, a indústria publicitária cria uma estrutura que legitima a visão de que mulheres (e animais) são sexualmente consumíveis. Vários anúncios desse segmento comparam o corpo feminino ao de animais mortos para consumo, usam estereótipos da disponibilidade sexual feminina para mascarar o sofrimento dos animais e tratam o feminino como o pior dos insultos. É essa ferramenta que chega aos lares, que aparece para os motoristas nas ruas e estradas, que circula na *internet* em forma de *meme* e tem tanto poder quanto qualquer outra mídia que subestima o assédio sexual e exalta a exploração sexual.

Como exemplo, podemos citar um restaurante de Chicago que incluiu no cardápio um sanduíche de peito de peru batizado como "Peitão tamanho GG". Usando o *slogan* "Mas que lanchão!", o cardápio autorizava os homens a fazer piadas sobre o tamanho dos seios. (Uma informação que o cardápio não traz: os perus são criados para terem peito grande, tão grande que mal conseguem andar, pois acabam tropeçando.) Na Califórnia, Rosie, mascote de uma marca de frango orgânico, posa de salto alto vermelho, colar e chapéu e se apresenta como "natural e orgânica"[8]. As imagens anunciam que ela quer ser comida. Em Portland, no Oregon, para anunciar o frango picante, uma lanchonete usa uma galinha de salto alto, meia-calça e *top*, em pose sedutora e olhar provocante. "Vem me pegar", convida, querendo dizer "Venha me comer".

> Rosie, mascote de uma marca de frango orgânico, posa de salto alto vermelho, colar e chapéu. As imagens anunciam que ela quer ser comida.

A publicidade a serviço da indústria da carne não explora apenas os estereótipos da sexualidade feminina: ela também indica que os animais de criação, mantidos confinados, vivem "livres", "livres" no sentido como mulheres sensuais vêm sendo retratadas, como sexualmente disponíveis, como se sua única vontade fosse a de ter o corpo desejado pelo espectador.

A nossa tendência é passar pano para a maneira como a feminilização de animais contribui para a degradação da mulher. "Imagina, é só um desenho de um frango, pelo amor de Deus!", ou "mas é só um item do cardápio". Na verdade, a cilada é muito maior do que se pode imaginar.

Bem antes das eleições presidenciais de 2016 nos Estados Unidos, uma propaganda anti-Hillary Clinton dizia: "Prato do dia no KFC: duas coxas bem gordas, dois peitos pequenos e uma asa esquerda"[9]. Julia Gillard, ex-primeira-ministra da Austrália, também foi alvo do mesmo tipo de ataque quando o partido político de oposição serviu em um jantar "Codorna frita à Julia Gillard: peitos pequenos, coxas grandes e uma enorme caixa vermelha"[10].

O que vemos nesses casos são algumas das mulheres mais poderosas do mundo reduzidas a partes sexualizadas e comestíveis do corpo. Esse discurso político também se reflete em um anúncio da rede de lanchonetes de frango frito, a Kentucky Fried Chicken, que pergunta ao espectador: "Você, homem, o que prefere? Peito ou coxa?" Ao substituir uma pessoa inteira por pedaços do corpo, dá-se mais um passo à objetificação da mulher. E essa fragmentação pode até dificultar a identificação do mal, mas o mal causado é o enfraquecimento: a mulher desaparece, e, além disso, partes comestíveis e sexualizadas de corpos não têm voz.

A publicidade da carne apoia a cultura do estupro

Uma das dificuldades no processo criminal de estupradores é que o consentimento é determinado a partir do ponto de vista do estuprador, e não da vítima. E podemos traçar um paralelo dessa situação com o consumo de carne. Quem come carne gosta de acreditar que suas vítimas aceitaram a morte, normalmente chamada de "sacrifício" do animal. Nos Estados Unidos, inclusive, circula um *meme* que chama o "frango à parmegiana" de "frango à permissão". Ao lado da foto do prato no cardápio, aparece um frango vivo dizendo: "Tudo bem, eu deixo". Na Flórida, o anúncio de uma lanchonete usa o desenho de uma porca de salto alto, *lingerie* vermelha e *collant*, e o *slogan* "Comendo até o osso"[11]. E o que dizer de uma lanchonete na Nova Zelândia que anuncia em uma placa "Atenção! Franguinhas deliciosas"?

Esses exemplos da publicidade da carne operam lado a lado com a farsa do consentimento que existe dentro da cultura do estupro. Eles mostram o consumo de carne como algo divertido e inofensivo, mas retratam fêmeas que desejam sua derrota, e esse desejo de morte, que requer que sejam devoradas, se situa em um cenário em que tradicionalmente se equipara o desejo sexual da mulher com o de ser dominada.

Nos Estados Unidos existem os restaurantes das "peitudas", onde mulheres são oferecidas para exibição aos homens, em ambientes que giram em torno da carne. Alguns têm nomes com duplo sentido, reforçando ainda mais a imagem de que o assédio sexual aberto é permitido, ao mesmo tempo que estimulam fantasias de consumo. "Pega logo dois", incentiva um desses estabelecimentos.[12]

Os restaurantes, a publicidade e a cultura carnívora masculina dão permissão para que as mulheres sejam vistas como seres que desejam ser explorados e consumidos. O nome disso é misoginia. No entanto, o que não é tão óbvio, o que permanece

> **Partes comestíveis e sexualizadas de corpos não têm voz.**

oculto da vista do consumidor, é que muitos dos produtos de origem animal que consumimos dependem da exploração contínua dos corpos femininos e da reprodução. É a misoginia do *fast-food*.

Exploração reprodutiva na agropecuária

Nos Estados Unidos, uma em cada cinco mulheres já procurou uma clínica de planejamento familiar em busca de atendimento médico.[13] As mulheres dependem dessa organização não governamental para ter controle da saúde reprodutiva. Quando esse controle é retirado das mulheres, o desrespeito pela integridade do corpo feminino acaba se disseminando.

Muitos nem percebemos, mas há décadas existe um debate sobre a disponibilidade sexual e o controle reprodutivo da mulher, debate esse que passa despercebido pelo cidadão comum. A agropecuária jamais existiria se não dependesse do controle sobre os corpos das fêmeas e seus ciclos reprodutivos. Sem a prenhez constante de fêmeas, não haveria carne, leite nem ovos para consumo humano. E a misoginia se refugia nessa mentalidade que incentiva o consumo da carne, dando liberdade total para explorar a reprodução dentro da agropecuária. Afinal, para conseguir pleno controle e aumentar a fertilidade, é preciso ter acesso irrestrito às fêmeas das espécies.

Mesmo dentro da indústria, a publicidade voltada para os produtores é propositadamente confusa em relação a quem esse controle reprodutivo se refere – se às mulheres ou às fêmeas de animais. As farmacêuticas mostram fêmeas sensuais e rechonchudas que *querem* ser engravidadas, que querem dar cada vez mais filhotes para o produtor todo ano, que querem "cuspir leitões". Uma personagem ilustrada, a porquinha Lisa, é representada com meia-calça, salto alto, *lingerie* e batom, enquanto acaricia a medicação anunciada. Segundo a propaganda, o medicamento fará "Lisa produzir um leitão a mais por ano". E na peça há a insinuação de que Lisa *quer* lhe dar mais um leitão por ano. Mas de uma coisa podemos ter certeza: Lisa não quer ter filhotes em uma fazenda industrial. Mantidas em solitária durante a gestação e depois levadas para espaços de parto, as porcas em situação de cativeiro reprodutivo não podem expressar seu instinto maternal, que é amamentar e cuidar dos leitõezinhos longe de humanos.

Nas propriedades leiteiras, as vacas são identificadas com plaquinhas numeradas. Em uma rede social, em um grupo voltado para produtores rurais, quando um deles publicou a foto de uma vaca com uma plaquinha na orelha em que se lê "vaca dos infernos", vários comentaram o momento de felicidade que é mandar para o abate uma vaca "desobediente" (traduzindo: que resiste). O animal resiste ao poder absoluto, aos maus-tratos e à exploração sexual, mas ainda sai como vilã da história.

Uma farmacêutica aconselha ao produtor: "Mantenha as vacas sempre prenhes e trabalhando". Na verdade, uma vaca leiteira, prenhe ou não, está quase sempre "trabalhando". Ela produz leite diversas vezes ao dia e tem um filhote por ano para garantir que a produção de leite continue. Quando não está ocupada com nada disso, permanece no trabalho, mas nesse caso para virar hambúrguer.

No final de 2017, foi aberta em Nova Jersey a Dairy Air, que vende sorvetes feitos com nitrogênio líquido. O logo, que destaca o traseiro de uma vaca fortemente sexualizada, é uma tentativa de fazer trocadilho do nome da marca, Dairy Air, com *derrière*, palavra francesa para "bumbum". A vaca, representada com lábios carnudos e cílios compridos, levanta o rabo, como que liberando o traseiro para ser fertilizada à força. (E a marca também usa nomes de duplo sentido para os sabores de sorvete, como "Banana de costas", "Bochechinhas de chocolate", "Tapinha de morango" e "Gordelícia"[14].)*

Assim como suas irmãs, também representadas com imagens opressivas, não há dignidade alguma, somente desejo. A vaca da sorveteria Dairy Air *quer* ser mantida presa e fertilizada. Sobre a inseminação artificial de bovinas, o *site* wikiHow traz a explicação: "Para evitar que a vaca proteste, prenda-a bem, usando uma gaiola apertada"[15].

O curioso, nesse universo da criação de animais, é negarem que o tratamento conferido a vacas e galinhas envolve *sexo*, muito menos *violência*. A pesquisadora acadêmica em animais Kathryn Gillespie, da Universidade Wesleyan, pontua: "Existe todo um esforço para ocultar o fato de que não é violência sexual, que não é violência nem sexo, mas se formos analisar a indústria de sêmen [bovino], boa parte do material publicitário – camisetas, cuecas, canecas e outros objetos – revela, com trocadilhos e piadas sobre o processo de inseminação, que este é, sim, um ato de violência sexual".

A Dra. Gillespie comenta um anúncio de uma empresa de sêmen bovino: "Ele traz o desenho de um touro sorridente no primeiro plano; no segundo plano, duas vacas de batom abrem as pernas traseiras, empinando o traseiro, junto ao *slogan*: 'Ficamos por detrás de cada vaca que atendemos'".

A escritora e ecofeminista pattrice jones é cofundadora do VINE Sanctuary, em Springfield, Vermont, um santuário animal com direção LGBTQIA+. Esse trabalho deu a ela a oportunidade de estudar, em profundidade, a vida das vacas. "Não importa o termo que usem: a inseminação é, sim, uma penetração à força

---

* A sorveteria fechou em 2018, por dificuldades de reposicionar a marca depois das críticas recebidas por conta da logomarca. Ver <https://www.northjersey.com/story/news/essex/montclair/2018/12/10/montclair-nj-ice-cream-shop-sexy-cow-logo-closes-because-liberals/2267995002/> (N.E.)

Como os mitos da violência sexual funcionam para as fêmeas de animais

Durante anos, ouvimos os mesmos mitos usados para defender a violência sexual contra mulheres. Existem comparações contundentes sobre a forma como a pecuária defende a violação sexual e a coerção reprodutiva nas indústrias de leite e ovos.

Ela está pedindo.
Na fazenda: *A vaca quer ser penetrada e inseminada à força.*

Ela merece.
Na fazenda: *Era uma vaca dos infernos!*

Ela gosta.
Na fazenda: *A vaca precisa que a gente tire o leite, e apenas galinhas felizes produzem ovos.*

Mas as mulheres são do sexo frágil, por isso precisam de proteção.
Na fazenda: *Os animais ficam mais protegidos quando estão em confinamento, que os protege de outros animais e das intempéries. Nele, não há risco de os adultos pisotearem os filhotes.*

FATO: *Assim como o lar é um lugar muito perigoso para vítimas de estupro, incesto e violência doméstica, a fazenda é um local onde animais aterrorizados, maltratados e explorados vivem e morrem.*

por meio de objeto em uma fêmea imobilizada, e em parte o seu objetivo é uma expressão de poder e controle."

Nas fazendas industriais, os animais não têm nenhuma possibilidade de resistir à penetração forçada. No ambiente natural, a vaca pode aceitar a monta ou simplesmente sair de perto se não quiser acasalar. Nas fazendas de criação de gado, as vacas simplesmente não têm a opção de se afastar.

Animais de criação: como a misoginia apaga as fronteiras

O que aparentemente parece ser um fato da vida, a misoginia nada mais é que um construto unilateral, um ponto de vista particular que nasce de uma suposta legitimidade inata e que contribui para perpetuar esse preconceito. Essa mesma legitimidade que permeia a agropecuária e alimenta as representações populares de animais criados como fêmeas que querem ser consumidas também se expressa na forma como são tratadas as mulheres que sofreram exploração sexual.

No início de 2018, a Universidade Cornell ganhou as manchetes por conta de uma matéria que revelava as fronteiras difusas entre as formas de tratamento dadas a mulheres e a animais. Os universitários da fraternidade Zeta Beta Tau, da Cornell, passaram dois anos em liberdade vigiada depois que seus integrantes se envolveram em um concurso chamado "porco assado"[16]. Nesse jogo secreto, os participantes ganhavam mais pontos quando tinham relações sexuais com mulheres gordas. Nessa competição, mulheres, principalmente as que estavam acima do peso padrão estipulado pela sociedade, eram visadas e achincalhadas, sendo tratadas como objetos e animais. No entanto, esse jogo não foi inventado na Universidade Cornell.

Trata-se de uma prática antiga nos *campi* universitários, chamada em inglês de *"hogging"*, com o objetivo de humilhar e rebaixar mulheres. Nenhum aluno da universidade que iniciou ou participou dessa prática foi expulso.

Ao manusear um caleidoscópio, a luz e os fragmentos permanecem os mesmos, embora se alinhem de modo diferente, mudando as cores e os formatos. É o mesmo que acontece com a misoginia na nossa cultura; embora as opiniões e os comportamentos continuem os mesmos, encontram diferentes veículos para se expressar: debocham das noções de disponibilidade sexual; comparam o corpo da mulher a animais mortos para consumo; usam estereótipos da disponibilidade sexual feminina para mascarar o sofrimento animal enquanto reafirmam a legitimidade da imagem originalmente repressiva; igualam o feminino ao pior dos insultos e ainda por cima associam questões de gênero à alimentação; reduzem as mulheres a partes de corpos, igualando-as a pedaços de carne *e* deixando as decisões sobre reprodução feminina nas mãos de homens.

Os direitos da mulher à autonomia são enfraquecidos pelo controle reprodutivo de fêmeas não humanas. E a ideia de que essas fêmeas também podem ter a garantia da integridade de seus corpos se afasta ainda mais de qualquer consideração ética quando os direitos reprodutivos da mulher sofrem restrições. Em um *meme* divulgado por uma organização ligada ao Partido Democrata em 2013, essa relação foi bem retratada. Esse *meme*, cujo alvo era uma lei restritiva e punitiva contra o aborto, trazia a imagem de uma vaca ao lado da pergunta: "Como se chama alguém sem direito a controlar sua reprodução?" A resposta era "ANIMAIS DE CRIAÇÃO". Algumas pessoas pensaram que fosse uma mensagem em prol

> Ninguém quer ser forçado a procriar ou realizar as fantasias de outros, como um pedaço de carne esperando ser comido.

dos direitos dos animais, mas não era. O *meme* comparava mulheres a vacas apenas para chamar a atenção para a questão da luta pelos direitos femininos.

Resistindo à misoginia

Embora toda a agropecuária dependa de explorar a reprodução feminina, esse tipo de prática é observado com mais visibilidade e de forma incessante nas propriedades produtoras de suínos, de ovos e de leite. As fêmeas compulsoriamente passam a vida produzindo filhotes, leite e ovos exclusivamente para consumo humano e sofrem essa exploração até se esgotarem, seja por idade, seja por doença, quando não geram mais lucro ao produtor. E aí elas são conduzidas ao abate. Essa é a vida das fêmeas de criação, tanto as de produtores familiares quanto as de grande corporações. E isso acontece em regime de produção convencional e também orgânica.

Nas discussões sobre misoginia, é comum um questionamento semelhante ao famoso "Quem veio antes, o ovo ou a galinha?" O que veio primeiro? O entendimento do funcionamento da reprodução feminina, que levou à domesticação dos animais e depois à opressão às mulheres? Ou a opressão às mulheres começou sem relação com o controle da fertilidade e da reprodução?

Dez mil anos depois, existem muitas opiniões sobre essa questão. Segundo alguns estudiosos renomados, todo tipo de opressão humana teve início com a opressão dos animais. No entanto, não é preciso localizar os primórdios da opressão para saber como podemos combater a misoginia. Usamos chapéu de gatinho nos protestos, fazemos doações para as clínicas de aborto e usamos seus serviços, e denunciamos os casos de esterilização forçada. Nós trabalhamos para eleger mulheres pró-aborto em todos os níveis de governança. Denunciamos assédio, exploração sexual e buscamos a responsabilização dos criminosos.

Também podemos desconsiderar a barreira do especismo e reconhecer que ninguém quer ser forçado a procriar ou realizar a fantasia dos outros, como um pedaço de carne esperando ser comido.

Ação diária 11
Faça queijos veganos

Os queijos veganos comerciais, geralmente feitos com castanhas, coco ou soja, têm ficado cada vez melhores e também são de preparo facílimo em casa. Trazemos duas receitas que você pode fazer para começar. O queijo de castanha-de-caju é uma ótima opção para recheio de lasanha, ou para servir como patê com torradinhas. Também trazemos uma receitinha rápida de feta de tofu, que você pode usar como patê ou na tradicional salada grega.

Torradinha de queijo de castanha com tapenade
Rende 20 unidades

O cremoso patê de castanha ganha um sabor mais apurado com o missô, a pasta salgada e fermentada da qual já falamos na página 61. Deixe as castanhas de molho antes do preparo, senão o patê não ficará liso.

> 2 colheres (sopa) de azeite de oliva extra virgem, mais um pouco para passar no pão
> ½ xícara de cebola sem casca picada
> 1 xícara de castanha-de-caju crua deixada de molho durante uma noite

1 colher (sopa) de missô
1½ colher (sopa) de suco de limão-siciliano
1 baguete francesa
½ xícara de tapenade (ver dica)
salsinha picada para decorar

- Preaqueça o forno a 220 °C.
- Em uma panela, aqueça o azeite e refogue a cebola até ficar translúcida.
- Enquanto a cebola refoga, escorra a castanha-de-caju e bata-a no processador ou liquidificador até formar um creme. Adicione a cebola refogada, o missô, o suco de limão e bata mais para homogeneizar os ingredientes.
- Corte o pão em fatias de 1 cm. Pincele azeite nos dois lados das fatias de pão, e arrume-as em uma assadeira, formando uma camada única. Leve ao forno para assar, de 6 a 8 minutos aproximadamente, virando-as uma vez.
- Espalhe o patê de castanha em cada fatia de pão e coloque 1 colher (chá) de tapenade por cima do patê. Finalize com a salsinha picada.

Dica: tapenade é um patê de azeitonas típico da região da Provença, na França. Se não encontrar pronto, faça sua versão caseira batendo azeitonas (verdes ou pretas) sem caroço escorridas com alcaparras e um pouco de azeite até obter uma pasta rústica.

Salada grega com queijo feta vegano
Rende 4-6 porções

Com este feta vegano, você prepara seus pratos preferidos e ainda deixa de incentivar a misoginia por trás da produção de alguns alimentos!

1 cebola roxa sem casca cortada em fatias finas
1 pé de alface-romana picada
1 xícara de queijo feta vegano
1 pepino médio descascado, cortado ao meio no
   comprimento, fatiado e temperado com sal e
   pimenta preta
170 g de corações de alcachofra em conserva
1 pimentão vermelho cortado em rodelas
½ bulbo de erva-doce
1½ xícara de tomate-cereja
250 g de azeitonas gregas
420 g de grão-de-bico cozido e escorrido
⅓ de xícara de salsinha picada grosseiramente
1 abacate descascado e cortado em fatias

Para temperar a alface:
4 colheres (sopa) de azeite
2 colheres (sopa) de suco de limão-siciliano
4 colheres (chá) de vinagre balsâmico
½ colher (chá) de sal
½ colher (chá) de pimenta preta moída na hora

Para temperar a cebola:
⅛ de xícara de vinagre de vinho tinto
½ colher (chá) de sal
½ colher (chá) de açúcar cristal orgânico

- Coloque a cebola em uma tigela. Leve o vinagre, o
  sal e o açúcar ao fogo e deixe levantar fervura. Retire
  essa mistura do fogo e despeje na cebola. Coloque na
  geladeira para resfriar por, no mínimo, uma hora.
- Acrescente os ingredientes do molho para a alface em um
  pote de vidro e agite para misturar. Adicione o molho à

tigela de alface, uma colher de cada vez, e misture. Ela deve ficar coberta com uma leve camada do líquido.

- Arrume a alface temperada em uma travessa comprida ou redonda. Disponha as rodelas de cebola na borda da travessa, em volta da alface. Coloque o queijo feta no meio da travessa. Arrume o pepino, os corações de alcachofra, as rodelas de pimentão, o bulbo de erva--doce, os tomates e as azeitonas em volta do queijo. Espalhe o grão-de-bico e a salsinha por cima da salada. Antes de servir, corte o abacate e arrume-o na travessa.

Queijo feta de tofu
Rende 2½ xícaras

Com a ajuda do cream cheese vegano e de uma quantidade caprichada de sal, este queijo vegano fica saboroso e encorpado como um feta tradicional. Também fica bom como petisco na baguete. Você pode reduzir a quantidade de sal para 1 colher (chá) e usar esse queijo para substituir ricota no recheio de massas.

450 g de tofu extrafirme
115 g de cream cheese vegano de sua preferência, em temperatura ambiente
¼ de xícara de azeite de oliva extra virgem
¼ de xícara de suco de limão-siciliano
1½ colher (chá) de sal
½ colher (chá) de alho em pó

- Escorra o tofu e seque-o com o auxílio do papel-toalha. Com as mãos, esfarele o tofu dentro de uma tigela.
- Adicione o cream cheese, o azeite, o suco de limão--siciliano, o sal e o alho em pó. Na geladeira, esse queijo dura até uma semana.

Ação diária 12
Substitua os ovos nas receitas

É fácil veganizar pratos conhecidos, como salada de ovo e ovos mexidos, adicionando apenas alguns ingredientes.

Tofu mexido
Rende 4 porções

Este mexido de tofu é uma ótima opção de base para outras receitas, dependendo do que você tem na geladeira. É superversátil! Você pode adicionar brócolis cozidos, batata picada, pimentão verde, bacon vegano, enfim, explore sua criatividade. Em *brunches*, é sempre um sucesso. A cúrcuma da receita deixa o tofu com cor de ovos.

1 colher (sopa) de azeite
3 dentes de alho sem casca bem picados
8 a 10 cogumelos médios fatiados
½ xícara de cenoura ralada
½ xícara de cebolinha
450 g de tofu firme amassado com garfo
3 colheres (sopa) de levedura nutricional
¼ de colher (chá) de cúrcuma
1 colher (sopa) de molho de soja
1 xícara de espinafre, minicouve, rúcula ou folhas
   de beterraba
2 abacates (opcional)

- Aqueça o azeite em fogo médio. Refogue o alho e os cogumelos até dourarem de um lado. Vire-os e adicione a cenoura e a cebolinha. Refogue por aproximadamente 2 minutos.

- Acrescente o tofu, a levedura nutricional, a cúrcuma e o molho de soja. Misture e continue refogando por mais 5 minutos.
- Junte a verdura escolhida, tampe a panela e deixe cozinhar por aproximadamente 1 minuto até murchar de leve.
- Se decidir usar o abacate, sirva na metade de cada um.
- Observação: se quiser adicionar outros legumes ou ingredientes ao mexido, faça isso antes de acrescentar as verduras.

Salada de "ovo" com sal negro
Rende 4 sanduíches

O sal negro, também conhecido como sal negro do Himalaia, ou *kala namak*, é um tipo de sal grosso encontrado principalmente nos Himalaias. Devido ao teor de enxofre, esse sal tem um cheiro muito parecido com o de ovo cozido, ou seja, é bom tê-lo em casa para veganizar salada de ovo ou outros pratos que levem ovos. Apesar de ser conhecido como sal do Himalaia, não o confunda com o rosa. Na hora de comprar, procure por sal negro. É fácil encontrá-lo em lojas a granel, mercadões, sacolões e pela *internet*.

A maioria das receitas veganas de salada de "ovo" leva tofu, mas nós aqui adoramos uma ideia interessante que vimos em uma receita do *site* vegannomnoms.net, que por sua vez a adaptou de um livro alemão de comida vegana. Esta receita leva grão-de-bico e macarrão curto. O purê de grão-de-bico tem uma consistência semelhante à da gema de ovo, e o macarrão, a de clara cozida. Use um macarrão bem cozido; para esta receita, ele não deve ficar *al dente*.

1 xícara de grão-de-bico cozido
1 colher (chá) de óleo vegetal
2 xícaras de macarrão curto cozido
½ xícara de maionese vegana
¾ de colher (chá) de sal negro ou a gosto

- Coloque o grão-de-bico cozido com o óleo no processador e bata até formar um purê.
- Passe o purê para uma tigela. Coloque o macarrão cozido no processador. Não é necessário lavar o processador, já que os ingredientes serão todos misturados. Processe o macarrão cozido até formar pedacinhos.
- Adicione o macarrão picado à tigela com o purê, e acrescente a maionese. Misture e tempere com o sal negro, ajustando a quantidade a gosto.
- Variação: se não encontrar o sal negro, você também pode usar esta receita para rechear deliciosos sanduíches. Siga o preparo acima, mas adicione 2 colheres (chá) de mostarda amarela, 6 talos de cebolinha (partes verde e branca) picada, 4 talos de salsão picado e ½ colher (sopa) de vinagre. Leve o recheio à geladeira por 2 horas, para o tempero apurar.

Como substituir ovos em receitas doces

Veganos que amam um docinho têm várias formas de agradar o paladar. Procure receitas na *internet*, ou adapte suas preparações preferidas para que virem veganas. Sim, a dificuldade é maior com as sobremesas. Por exemplo, ainda não encontramos uma versão vegana aceitável para o bolo *angel food,* ou bolo nuvem, que originalmente leva 12 claras. Mas qualquer bolo ou cookie que, na receita tradicional, leve de 1 a 2 ovos pode facilmente ser veganizado ao substituir os ovos.

Veja a seguir alguns dos substitutos mais usados em preparações doces:

Substituto industrializado de ovos: Normalmente produzidos com uma mistura de amidos e fermentos químicos, esses pós devem ser usados nas receitas misturados com certa quantidade de água, em geral 3 colheres (sopa) para substituir cada ovo.

Linhaça: Misture bem 1 colher (sopa) de farinha de linhaça com 3 colheres (sopa) de água. Deixe descansando por 10 minutos até a mistura adquirir uma consistência espessa como a de clara. Esse substituto de ovo é muito usado em panquecas, muffins e brownies. No entanto, em outras receitas ele não funciona bem.

Farinha de soja: Para substituir cada ovo de uma receita, use uma mistura de 1 colher (sopa) cheia de farinha de soja com 2 colheres (sopa) de água. A farinha de soja pode ajudar a deixar bolos sem ovos mais fofos e leves.

Aquafaba: Derivada das palavras latinas para "água" e "fava", trata-se do líquido que sobra do cozimento de leguminosas, principalmente do grão-de-bico. É um ingrediente muito usado na confeitaria vegana atual. Escorra o líquido do cozimento do grão-de-bico. Para ser usada em culinária, a aquafaba deve ter a consistência de clara de ovo cru. Caso esteja muito rala, ferva em fogo brando até que reduza para a consistência desejada. Substitua cada ovo (até 3 por receita) com 3 colheres (sopa) de aquafaba. Ou use 2 colheres (sopa) para substituir 1 clara. Batida em ponto de neve, a aquafaba pode ser usada para o preparo de merengues veganos. Se você ainda tem dúvidas sobre seu uso, recomendamos que procure grupos e fóruns *on-line*.

Bolo maluco
Rende 9 pedaços

Este bolo vegano já estava na boca do povo antes mesmo de a palavra "vegano" entrar para o vocabulário. Inventado na época da Grande Depressão, fez sucesso especialmente na Segunda Guerra Mundial devido ao racionamento de ovos. A massa fica fofinha graças à ação do bicarbonato de sódio misturado com o vinagre.

1½ xícara de farinha de trigo
¼ de xícara de cacau 100% (sem açúcar)
1 xícara de açúcar refinado
1 colher (chá) de bicarbonato de sódio
½ colher (chá) de sal
1 xícara de água
5 colheres (sopa) de óleo vegetal
1 colher (sopa) de vinagre de vinho branco ou de maçã
1 colher (chá) de extrato puro de baunilha

- Preaqueça o forno a 180 °C.
- Misture a farinha de trigo, o cacau em pó, o açúcar, o bicarbonato de sódio e o sal.
- Em um copo medidor grande, misture a água, o óleo, o vinagre e a baunilha. Acrescente aos ingredientes secos e misture apenas para homogeneizar.
- Deite a massa em uma assadeira redonda ou quadrada de 20 cm.
- Asse na grade do meio no forno por 35 minutos. Faça o teste do palito. Se sair limpo, é porque o bolo já está pronto.

Cobertura para o bolo maluco
6 colheres (sopa) de manteiga vegana amolecida
1½ colher (chá) de baunilha
2⅔ xícaras de açúcar de confeiteiro
½ xícara de cacau 100% (sem açúcar)
⅓ de xícara de leite vegetal

- Coloque a manteiga e a baunilha em uma tigela e bata até formar um creme. Adicione o açúcar e o cacau, mexendo bem. Adicione o leite aos poucos, em duas levas, incorporando a cada adição.

Ação diária 13
Dê uma chance ao umami vegetal

"Eu até queria virar vegano, mas não consigo abrir mão do queijo" é um comentário que ouvimos muito. Mas o desejo que associamos aos queijos, em geral, são desejos por outra coisa. O elemento que a maioria das pessoas deseja nessas horas é o umami. Essa palavra é um derivado do termo que, em japonês, quer dizer "sabor que deixa uma comida deliciosa". Considerado o "quinto sabor" (além do doce, do ácido, do amargo e do salgado), o umami foi descoberto há mais de cem anos por um pesquisador japonês e é uma espécie de sabor/experiência/essência encontrada em alimentos graças aos altos níveis do aminoácido glutamato.

Segundo uma teoria, a atração que o umami exerce sobre o paladar humano vem da grande quantidade de glutamato no leite materno, que despertaria, desde as primeiras horas de vida, a preferência por esse sabor. Os queijos maturados também são ricos em umami, o que talvez explique por que sejam tão irresistíveis. No entanto, não é tão difícil adicionar umami a refeições

Nas últimas décadas, os queijos veganos evoluíram consideravelmente. Se você ficou com a imagem de algo com gosto de plástico e que não derrete nem por decreto, está na hora de rever seus conceitos ao conhecer os excelentes produtos novos disponíveis no mercado. Além de várias opções de queijo vegano, daqueles que servem para fazer um queijo quente, por exemplo, há também queijos veganos artesanais fermentados – geralmente feitos com castanhas. Agora você pode fazer uma bela mesa vegana de queijos e vinhos.

Parmesão vegano
Rende ½ xícara

Com um quê de milagrosa, esta receita é feita com apenas três ingredientes, e também leva apenas 3 minutos para ficar pronta. Use a mistura para servir com macarrão, grãos, arroz ou legumes, e deixar essas preparações ainda mais saborosas. E, além do sabor delicioso, esse parmesão confere aos pratos uma boa dose de ácidos graxos ômega-3 (das nozes) e de vitamina B12 (da levedura nutricional).

Se tiver alergia a nozes, pode substituí-las por sementes de girassol.

½ xícara de nozes (partidas ao meio)
3 colheres (sopa) de levedura nutricional
1 colher (chá) de sal iodado

- *Bata as nozes no processador no modo pulsar até formar uma farinha bem fina.*
- *Adicione a levedura nutricional e o sal. Bata novamente no modo pulsar do processador para homogeneizar os ingredientes.*
- *Mantenha essa mistura na geladeira. Ela também pode ser congelada.*

Queijos veganos

veganas. Alimentos fermentados contêm umami; assim, vinho, molho tamari e missô são boas adições às preparações. Tomates maduros também são riquíssimos em umami, assim como seus derivados concentrados, como ketchup, extrato e tomate seco.

Extrato de levedura, levedura nutricional, cogumelos, azeitonas, vinagre balsâmico, cogumelos secos e chucrute são boas fontes veganas de umami. Os vegetais marinhos também são ricos em umami, que, aliás, foi descoberto nas algas marinhas. Assar, caramelizar, dourar e grelhar os alimentos são técnicas de cozimento que conferem sabor umami às preparações.

Se você não consegue se imaginar sem queijo, experimente esses ingredientes ricos em umami. Com eles, a transição pode ser mais fácil que você imagina.

CAPÍTULO 5

O SONHO DE UMA DEMOCRACIA INCLUSIVA

Como a opressão social depende da animalidade

A animalidade é uma arma potente quando usada para enfraquecer indivíduos, grupos étnicos e raças. Esse termo se refere à qualidade ou à natureza associada aos animais. Quando *humano* e *animal* são vistos como opostos, a animalidade pode se tornar um estigma contra as pessoas, e, como tal, um instrumento de opressão social. Esse tipo de estigma também serve como um álibi para a tirania, pois nos permite excluir os seres tidos como "animais" de qualquer consideração moral. Dessa forma, a opressão social se aproveita do conceito de animalidade contra grupos visados e ainda usa essa associação para justificar a privação de seus direitos.

É prática comum os racistas brancos rotularem pessoas afrodescendentes como animais, principalmente como primatas. Em exemplo recente, o ex-presidente dos Estados Unidos Barack Obama foi retratado como um macaco; sua esposa, a ex-primeira-dama Michelle Obama, foi retratada como "macaca de salto

alto". Em um processo por preconceito racial movido contra a empresa Texaco, foi revelado que pessoas negras eram chamadas de "orangotangos" e "macacos preguiçosos" no ambiente de trabalho. Legisladores do Alabama – defensores de um projeto de lei que visava acabar com o direito ao voto da população negra – foram flagrados em gravações se referindo a eleitores negros como "selvagens" e "analfabetos"[1]. Em Ferguson, Missouri, após a morte de Michael Brown, um homem negro de 18 anos desarmado e morto pela polícia, manifestantes ouviram de um policial: "Podem vir, seu bando de animais!"[2]. Após a morte de Freddie Gray, também por ação da polícia, Jennifer Lynne Silver, policial em Baltimore, usou sua conta em uma rede social para chamar os protestantes de "animais" e uma "desgraça para a raça humana"[3].

A raça é uma farsa, e a animalidade faz parte dessa mentira

Raça é uma farsa. É o que afirma Kevin Young in *Bunk: The Rise of Hoaxes, Humbug, Plagiarists, Phonies, Post-Facts, and Fake News* [Mentira: a ascensão dos boatos, disparates, plágios, farsas, pós-fatos e *fake news*][4]. A raça é uma farsa porque é uma classificação que muda sentidos e definições com o passar do tempo. Por exemplo, antes da Guerra Civil dos Estados Unidos, quando boa parte do país permitia a escravização de toda uma raça, as definições raciais às vezes eram flexíveis. As leis raciais do Sul e os pareceres jurídicos ditavam o que era a branquitude seguindo uma fórmula baseada em frações. Na Virgínia, por exemplo, pessoas que fossem ⅛ negras eram juridicamente consideradas brancas. Uma pessoa também podia ter "reputação branca dentro da comunidade". Depois dessa guerra, esse costume caiu em desuso, sendo substituído pela regra da "única gota"[5]. Ter uma única gota de sangue negro ou mesmo um ancestral negro distante qualificaria uma pessoa como negra[6].

As definições mudam, assim como as caracterizações das raças. Na época da escravidão, era comum retratar as pessoas negras como crianças que precisavam ser tuteladas ou controladas por uma boa alma branca. Depois que a escravidão foi abolida, a imagem das pessoas negras – principalmente a dos homens negros – mudou. Passaram a ser vistas como animais, feras que deviam ser caçadas e destruídas. Dizia-se que os negros eram degenerados, involuídos, incivilizados[7].

A farsa da raça exige explicações complexas, explicações essas que também mudaram no decorrer dos séculos. Já houve época em que os cristãos acreditavam que os negros descendessem de Cam, amaldiçoado pelo pai, Noé. Posteriormente, as explicações religiosas perderam o lugar para a pseudociência. Por exemplo, no século XIX um cientista de Harvard, Louis Agassiz, insinuou que as raças foram criadas separadamente. Essa teoria, conhecida como "poligênese"[8] e de origem estadunidense, era usada para defender a inferioridade de certos grupos raciais e justificar a escravidão.

A criação do conceito de raça se calca no dualismo humano-animal. Jason Hannan, estudioso de retórica na Universidade de Winnipeg, refere-se ao "grupo de termos racistas empregados pelos expoentes do imperialismo europeu para justificar o poder e a dominação sobre povos não europeus – termos como 'selvagem', 'primitivo', 'incivilizado' e 'bárbaro'. Essas palavras, além de passarem uma ideia de diferença cultural, passam também a de inferioridade cultural, usando da imagem de animais 'selvagens' em estado natural. 'Eles' são de uma categoria diferente de 'nós' por viverem à margem da

> Quando *humano* e *animal* são vistos como opostos, a animalidade pode se tornar um estigma contra as pessoas e, como tal, um instrumento para a opressão social.

scara da cultura e da civilização. Precisam, portanto, ser domados e civilizados pela tranquila mão do poder europeu".

Caracterizações de afrodescendentes como sendo mais animalescos que os brancos ainda perduram sutilmente. Isso fica claro na publicidade, que mostra os negros como atletas, e atletas bem-sucedidos em esportes associados à força, como boxe e futebol americano, e não nos esportes mais intelectualizados, de pouco contato físico. As exceções para essa imagem são o golfista Tiger Woods e o já falecido campeão do tênis Arthur Ashe.

A criação do conceito de raça precisa dos animais para que se possa demarcar quem é cidadão e quem não é. O animal é primitivo, é incivilizado, não tem dignidade; os humanos – esses, sim, cidadãos! – são avançados, são civilizados e têm dignidade. O executivo fracassado, que alavancado por farsas e notícias falsas chegou à presidência dos Estados Unidos, ganhou espaço na política em 2011 ao pedir que o então presidente Barack Obama mostrasse a certidão de nascimento. Foi um recado subentendido para atiçar, em seu séquito de seguidores racistas, a decisão de pôr em xeque a naturalidade estadunidense do primeiro presidente negro dos Estados Unidos. E no racismo implícito de exigir a certidão de nascimento de Obama, havia algo ainda mais profundo e pernicioso: Trump, branco = cidadão, *versus* Obama, que não seria "estadunidense", pois nascido na África (Quênia) = sub-humano, animalesco.

Embora a afirmação fosse absurda, isso não tinha importância. Brancos insatisfeitos depositaram suas aspirações e crenças racistas em um homem branco de bronzeado laranja. No entanto, também foi revelado um aspecto alarmante no pensamento de Trump e seus seguidores. Com esses recados subentendidos, conhecidos em inglês como *dog whistles* [apitos para cachorros][*], seus seguidores também acabam sendo animalizados,

---

[*] Forma de transmitir uma mensagem que somente quem faz parte de determinados grupos entende. (N.E.)

e não apenas porque escutam um barulho que os outros não escutam e reagem a ele – assim como um cão reage ao som de alta frequência do instrumento, esse apito também serve para *adestrar* cachorros.

Animalidade e enfraquecimento

Qual é a qualidade de ser "animal" que a *animalidade* explora? Há tempos que as pessoas subestimam os animais, que, como o corvo que fabrica ferramentas, o polvo que se defende com pedras e a cadelinha que cuida de gatinhos órfãos, continuam nos surpreendendo com capacidade e sensibilidade. O debate, hoje, não questiona se os animais têm consciência, mas quais tipos de consciência.

Usamos constantemente a animalidade contra os animais nivelando a diversidade deles em forma de estereótipos, o que demonstra nossa incapacidade de reconhecer suas habilidades cognitivas, ao mesmo tempo que lhes negamos a natureza social e as afiliações sociais.[9] Pássaros, por exemplo, conseguem captar conceitos abstratos, sendo hoje considerados "primatas cobertos de penas" graças à capacidade de processamento cognitivo. No entanto, dizer que alguém tem "cérebro de passarinho" continua sendo um insulto. Os porcos são tão inteligentes quanto os cães, mas chamar alguém de "porco" ainda é uma forma de xingamento. Tolhemos os animais da liberdade de movimento, da liberdade de cuidar das proles e de suas vidas, e depois ainda dizemos que eles não têm autonomia. Sem as amarras da mentalidade dominante, o estudo dos animais e da fauna marinha nos permite conhecer a imensa diversidade no outro lado da linha das espécies: peixes que mudam de sexo, animais que optam por relacionamentos com o mesmo sexo e amizades que ultrapassam a barreira da espécie, assim como outras características que apontam que os animais não são um espelho para os pontos de vista opressivos ligados à sexualidade e ao gênero.

A animalidade impede que nos identifiquemos com os animais, e também de nos solidarizarmos com eles. Da mesma forma, acabamos não nos identificando com as pessoas nem nos solidarizando com elas quando as animalizamos ou as enxergamos como inferiores a seres humanos. As pessoas quando animalizadas acabam sendo marginalizadas dentro da espécie, e essa situação justifica e perpetua formas de dominação. Estigmatizados pela animalidade, suas tentativas de se inserir como cidadãos acabam sendo questionadas.

Quem é cidadão?

Na lógica do racismo, da misoginia e do capacitismo, sempre houve a dualidade de humano/animal. Quando falamos da esfera política, vemos que a animalidade funciona como instrumento para a exclusão democrática. A opressão eleva certas pessoas à condição de merecer a igualdade de proteção e de participação como cidadãos, ao mesmo tempo que exclui outras pessoas, justamente transformando-as nos "outros", insinuando que são como animais.

> O debate, hoje, não questiona se os animais têm consciência, mas quais tipos de consciência.

Desde o início da história dos Estados Unidos, o conceito de *cidadão* já excluía muita gente. Os fundadores da pátria concederam aos homens, brancos e donos de propriedade privada, a chancela de "cidadãos". E os princípios que norteavam a qualificação de alguém como cidadão já se situavam em um entendimento bem restrito de quem seria *humano*. Para ter *status* de cidadão com plenos direitos de participação na democracia, era preciso ser visto como alguém com qualidades humanas, e não animalescas. A democracia dos homens brancos se calcava na exclusão.

No século XIX, ser homem e branco substituiu os requisitos usados no século XVIII para considerar alguém como cidadão. Não era obrigatório nem ser contribuinte. O voto era chamado de "sufrágio universal", embora não fosse para todos. Nas palavras da historiadora Nell Painter Irvin, o voto masculino branco fez dos Estados Unidos um "país de homens brancos".[10]

Nesse mesmo período, enquanto algumas mulheres de classe média lutavam por sua emancipação, acabaram permitindo que a animalidade funcionasse a seu favor. Elas se mobilizaram por alterações na Constituição para que fossem incluídas, mas excluindo outros grupos. Argumentavam: "Não somos os animais. Somos as puras. Somos as instruídas. Não somos as imigrantes imundas, não somos as ex-escravas analfabetas". Como sempre, no debate sobre a definição de cidadania, a animalidade influenciava os rumos da conversa. Como uma craca grudada no casco do navio, é difícil retirá-la depois que ela se agarra. Às vezes, quando os grupos oprimidos são colocados em situação de rivalidade, não conseguimos enxergar o problema em comum: as raízes de uma democracia calcada na exclusão e na noção limitada de cidadania.

A raça é uma farsa. Não existe autonomia

Os homens que redigiram a Constituição dos Estados Unidos e a Declaração de Direitos do Cidadão na França foram profundamente influenciados pelo contexto do Iluminismo e suas visões sobre a autonomia do sujeito. *Autonomia* significa agir de forma independente, mas também é entendido como "a capacidade de ser autossuficiente".

A ideia de que alguém é independente e que age de forma autônoma é falsa, sendo influenciada por estereótipos racistas, misóginos e capacitistas. As primeiras habilidades essenciais que aprendemos na vida, como andar e falar, vêm ao observar o outro. O homem "que venceu por si só" se beneficia de um sistema de apoio que não aparece, ou que é raramente reconhecido, que quase sempre inclui no pacote esposa, secretária e, às vezes, empregados. Para Stephanie Coontz, "a autossuficiência e a independência funcionaram para os *homens* porque para as *mulheres* restaram a dependência e as obrigações. O culto ao 'homem que venceu por si só' exigia o culto à mulher de verdade"[11].

Na campanha presidencial de 2016 nos Estados Unidos, Donald Trump explorou exponencialmente a farsa da autossuficiência. Apesar de ter nascido em família rica, de ter sido ajudado pelo pai, de ter contado com funcionários anônimos que lhe facilitaram as atividades, das benesses fiscais das quais se aproveitou, dos *ghostwriters* que escreveram seus livros, Trump sempre fez questão de passar a imagem de alguém que cresceu por seus próprios méritos, um "homem que venceu por si só". Em tempo: Trump também se beneficiou de subsídios oferecidos por bancos[12].

Em *Beasts of Burden* [Burros de carga], Sunaura Taylor argumenta que um dos resultados da supervalorização da "independência" é o de que a vida da pessoa com deficiência acaba sendo vista como uma tragédia. No entanto, a dependência é algo relativo, na opinião de Michael Oliver, ativista britânico dedicado à causa das pessoas com deficiência[13]. As pessoas com deficiência veem a independência como a capacidade de estar no controle de suas vidas e de tomar decisões por si, e não apenas como a capacidade de se vestir, tomar banho e cozinhar sem precisar de ajuda.

O SONHO DE UMA DEMOCRACIA INCLUSIVA 133

Lawrence Carter-Long, diretor de comunicação de Disability Rights Education and Defense Fund, fundo que tem como foco pessoas com deficiência, pontua que parte do critério para a inclusão passa pela utilidade da pessoa para a sociedade. Ele lembra que é comum essas pessoas serem comparadas a animais – uma forma de ressaltar a dependência e as supostas limitações delas. Alguns dos termos usados para diminuir as pessoas – e também os animais – com deficiência intelectual, por exemplo, são "burro", "asno", "jumento", "cérebro de passarinho".

Taylor mostra também as formas como a dependência vem sendo usada para justificar a escravidão, o patriarcado, a colonização e a opressão das pessoas com deficiência. "A linguagem da dependência é um instrumento retórico genial, permitindo que aqueles que a usam até pareçam benevolentes, que se preocupam com essas pessoas, ao mesmo tempo que continuam explorando aqueles por quem supostamente eles se preocupam."[14]

No entanto, todos nós somos vulneráveis e precisamos de cuidados em algum momento da vida[15]. A nossa dependência vai muito além dos cuidados intensivos. A maioria das pessoas usa um enorme sistema de apoio para obter combustível, água, alimentação e moradia. Dependemos dos animais silvestres para manter a integridade e o equilíbrio da natureza. Embora vejamos os animais domésticos como dependentes de nossa tutela, essa dependência foi imposta a eles pelos seres humanos. E essa conquista foi feita de forma violenta, para retirar deles sua força de trabalho ou sua carne para alimentação.

Na agropecuária, é prática comum provocar invalidez em animais. Sunaura Taylor, em seus trabalhos sobre exploração, deficiência e libertação animal, chama a atenção para essa realidade. Criadores de porcos mutilam os animais, castrando-os e cortando-lhes o rabo, para evitar que sejam mordidos pelos outros porcos em situação de estresse. Frangos criados para abate sofrem mutilação com lâmina quente e sem anestesia nos bicos, áreas do corpo repletas de terminações nervosas[16].

Problemas de locomoção são comuns nas espécies, já que os animais são estimulados a crescer muito rápido, podendo ser forçados a permanecer em ambientes cercados de arame, cimento e metal em seus galpões de confinamento. De acordo com um relatório, 50% dos porcos apresentam problemas de locomoção no momento do abate[17]. As vacas são criadas para produzir uma quantidade excessiva de leite e por isso acabam ficando mancas por causa das tetas cheias, que forçam os quadris ou acabam separando as pernas.

Incapacitação de animais

Quem é terrorista?

Ao longo das últimas décadas, aumentou a quantidade de grupos supremacistas brancos nos Estados Unidos. No entanto, nesse mesmo período, são outros dois grupos que chamam a atenção da polícia federal: muçulmanos e ativistas dedicados à defesa do meio ambiente e dos direitos dos animais.

Desde 1990, o Southern Poverty Law Center rastreia a existência de grupos dedicados a propagar mensagens de ódio (917 nos Estados Unidos no momento em que este livro foi escrito) e milícias radicais e antigoverno. Nesse mesmo período, recursos federais foram direcionados para categorizar atos de sabotagem e ataques a propriedades como terrorismo, permitindo, assim, enquadrar e processar as pessoas envolvidas nessas táticas – ativistas ambientais e pró-direitos dos animais – como terroristas.

Em 2004, um subdiretor de combate ao terrorismo do FBI declarou: "O trabalho do FBI na investigação de atos terroristas de grupos ambientalistas e protetores de animais é importante. [...] Trata-se da nossa maior prioridade na investigação de terrorismo em território nacional".[18] Ele também declarou que, "nos três anos após o 11 de Setembro, todos os atos terroristas cometidos em território estadunidense, com exceção de um, foram obra de ativistas ambientais e pró-direitos dos animais".

Os grupos supremacistas brancos e as milícias de extrema direita antigoverno estavam crescendo, bem como os ataques a clínicas de aborto, inclusive com assassinatos dos médicos responsáveis pelos procedimentos, mas não havia nenhuma pressão corporativa para impedir que esses grupos agissem – afinal, eles não afetavam os negócios das empresas da mesma forma que os ambientalistas e os ativistas pró-direitos dos animais (ver página 33).

Mirar no ativismo pró-direitos dos animais em pleno século XXI guarda semelhanças com as prioridades ideológicas enviesadas dos anos 1950.[19] Naquela época, as polícias locais e o FBI faziam de tudo para se infiltrar em grupos políticos de esquerda para desmantelá-los, perseguiam gays e lésbicas que trabalhavam no governo e investigavam grupos de crime organizado, mas ignoravam uma campanha nacional de terror contra afro-americanos que faziam parte de comunidades brancas.

Quando pensamos nos indivíduos que já mataram tantas pessoas – supremacistas brancos que atacam cidadãos afro-americanos, latinos e muçulmanos; grupos contrários ao aborto que matam médicos que realizam o procedimento; homofóbicos e transfóbicos que matam pessoas LGBTQIA+; maridos que matam famílias inteiras –, uma característica se destaca: praticamente todos são homens brancos.

Apesar disso, a imagem corrente de terrorista continua sendo a de homens de pele escura ou a de ecoterroristas "radicais". Em vez de serem vistos como terroristas, esses homens brancos que acumulam arsenais e acabam matando suas famílias ou desconhecidos são conhecidos como "lobos solitários". Essa situação nos faz ver a violência cometida por homens brancos estadunidenses como uma anomalia. Não enquadrá-los como terroristas revela a resiliência do conceito dominante que determina quem é cidadão – sempre o homem branco – e quem não é. Ela mostra, também, o perigo de preservar um estereótipo predominante que favorece um grupo de pessoas. Enquanto os ativistas são enquadrados como terroristas, os terroristas da vida real, os mesmos que saem atirando em universidades e igrejas, seguem como "lobos solitários". Inclusive, talvez esse seja o único grupo beneficiado pela associação com animais, embora à custa de uma representação totalmente equivocada dos lobos.

O arco do universo

Vivemos em um mito arraigado do progresso histórico. Segundo esse pensamento, a melhoria das condições de vida é constante; ao longo dos séculos, os direitos teriam se ampliado e a tolerância, aumentado. A expectativa é a de que continuaremos seguindo adiante, embora lentamente, da mesma forma que "o arco do universo moral é amplo, mas inclina-se para o lado da justiça"*.

Mas existem dois problemas nessa frase. Um deles é que o arco da justiça não avança constantemente. O segundo é que o mito do progresso político pode nos impedir de reconhecer a erosão das instituições democráticas.

Sob esse mito, encontramos indícios de que o progresso vem sendo repetidamente prejudicado e os princípios democráticos vêm sendo traídos por uma involução dos direitos. O colonialismo dos europeus destruiu os hábitos alimentares dos povos ameríndios, impondo a alimentação dos ingleses, que adoram carne, os expôs a doenças para as quais não tinham nenhuma resistência, assassinou milhões deles e também roubou suas terras. Além disso, a vida dos povos originários foi apagada da história. Memoriais e marcos dos "primeiros" locais históricos em geral dizem respeito aos lugares que têm relação com a história branca: "primeira" cidade, "primeiro" assentamento, "primeira" moradia.[20]

Em 1877, tropas federais foram retiradas dos antigos estados confederados, dando fim à "primeira experiência estadunidense com democracia inter-racial depois da Guerra Civil".[21] Com a retirada das tropas, a entrada do povo negro no mundo civil foi invertida, a Reconstrução acabou e um reino de terror desenfreado veio acompanhando a adoção das Leis de Jim

---

* Citação de Martin Luther King Jr. (N.E.)

Crow. Nesse período, surgiram memoriais para brancos sórdidos que lutaram pelo Sul na Guerra Civil, assim como houve um apagamento dos esforços do povo negro pela preservação das memórias que giravam em torno da Emancipação.[22] Cem anos depois, em pleno século XXI, ainda debatemos a existência desses memoriais. Ao mesmo tempo, os escravos libertos e seus descendentes foram forçados a uma servidão involuntária, um tipo de "escravidão com outro nome", como apontado pelo jornalista Douglas A. Blackmon.[23] O tráfico de mão de obra humana fornecia trabalhadores para olarias, carvoarias, madeireiras e proprietários rurais brancos.

No século XXI, os homens negros seguem na mira, desta vez na guerra contra as drogas. Nos Estados Unidos, 40% da população carcerária é de afrodescendentes, sendo que eles compõem apenas 13% da população do país.[*] O Judiciário se tornou o novo instrumento para o controle racial, ao qual Michelle Alexander chama de "A Nova Lei de Jim Crow". Ao rotular pessoas negras como "criminosas", o Judiciário permite a negação de certos privilégios de cidadania[24]. Por exemplo, em alguns estados, indivíduos condenados pela Justiça não podem votar até o fim do período de condicional e somente depois de se recadastrarem na Justiça Eleitoral. Em outros, cabe ao governador devolver os direitos de voto a essas pessoas.

A justiça também não avançou para outros grupos. Continuamos testemunhando a usurpação dos direitos ao aborto, os esforços para negar direitos civis a pessoas transgêneros, os ataques ao casamento de pessoas do mesmo sexo e, claro, as campanhas de medo focadas em terrorismo e na economia, prometendo proibir a entrada de imigrantes e expulsar aqueles já fixados nos Estados Unidos.

---

[*] No Brasil, mais de 50% da população se declara negra; os números exatos podem ser obtidos no *site* do IBGE (https://www.ibge.gov.br). (N.E.)

Enquanto os governantes atuam incansavelmente pelo retrocesso nos avanços dos direitos humanos, os *dog whistles* que alguns setores da sociedade ouvem os convence de que eles são vítimas, voltando as atenções ao "cidadão" original.

Os veganos conhecem bem as farsas em torno do progresso. Elas sustentam as ideias mais recalcitrantes para justificar o consumo de carne e lácteos: os seres humanos estão no topo da cadeia alimentar, são os vencedores da evolução e, como tal, merecem usufruir dos espólios dessa vitória, ou seja: os corpos dos animais. Em uma piada que se vê por aí, dizem: "Não atingi o topo da cadeia alimentar para virar vegetariano".

Há quem pense que os veganos passam a maior parte do tempo investigando rótulos, procurando um *whey* escondido ou ovos desnecessários. Mas o que aprendemos a questionar é a propaganda que estimula o consumo de carne, lácteos e ovos. Esse incentivo vem da publicidade corporativa, com respaldo absoluto por parte do governo federal.

Os ativistas pró-direitos dos animais poderiam explicar como a cultura ocidental do consumo de carne anda de mãos dadas com a crença no progresso político e no otimismo democrático. Os quatro grupos alimentares incentivados nos anos 1950 estavam ligados a dois mitos inter-relacionados: o primeiro, de que as carnes são a melhor forma de proteína; e o segundo, o do desenvolvimento cultural (e culinário), o de que nossa alimentação está em constante melhoria. Ainda assim, fica difícil imaginar que o arco do universo, aquele mesmo que se inclina para a justiça, inclua no pacote a usurpação de um terço das terras do planeta para atender à agropecuária. Mas será que ele tende mesmo à justiça, considerando que se matam mais animais que nunca, com métodos de confinamento cada vez piores?

> Focar nas diferenças entre animais e pessoas nos permite usá-los como queremos.

A fé no progresso político pode nos impedir de reconhecer a erosão dos sistemas e dos mecanismos de proteção democráticos.[25] Se acreditamos que as instituições democráticas básicas podem suportar tantos ataques, é porque não percebemos os sinais de que esses elementos já estão, na verdade, ruindo. Segundo Timothy Snyder, historiador de Europa moderna na Universidade de Yale, a visão otimista de que o governo federal resiste a ataques a suas instituições pode impedir a sociedade de reagir a eles de forma certeira e completa.

Vemos, com preocupação, ataques à liberdade e à democracia em países pelo mundo afora, alguns dos quais introduzidos por Donald Trump e adotados por alguns setores da população dos Estados Unidos. Como exemplo desse *modus operandi*, podemos citar o discurso que desacredita a grande imprensa, oferecendo narrativas alternativas falsas, enfraquecendo o controle regulatório, eviscerando as instituições governamentais, apresentando pouco comprometimento pelas regras democráticas e muita disposição para tolher as liberdades civis, com tolerância ou apoio a atos de violência e ainda usando forças policiais federais para perseguir opositores do governo – isso sem falar da incômoda predileção por líderes políticos autoritários.[26] Para reagir a isso, nossos protestos devem ser amplos, enérgicos, jamais *contra*, e sim *pela defesa* dos direitos e das instituições.

Em defesa da justiça social: o que fazer em relação à animalidade?

Se marginalizar as pessoas tidas como diferentes e indesejáveis passa por sua animalização, como fica a situação dos animais? Podemos parar de animalizar as pessoas, afastando-as da barreira que nos divide dos animais não humanos, mas ainda assim os animais permanecem firmes do outro lado do muro. Dizer "*Não somos* animais" como argumento para pedir respeito e inclusão chancela o uso da animalidade como instrumento de exclusão.

Abolir esse limite em relação a formas de tratamento e de proteção é essencial para eliminar os efeitos da animalização de pessoas. Um dos motivos para isso ser um instrumento tão potente para a opressão social é a onipresença de provas de como é fácil aviltar o animal, sobretudo na agricultura, mas também nas pesquisas e na indústria de entretenimento. Focar nas diferenças entre nós e os animais nos permite usá-los como queremos.

Mesmo que nos esqueçamos, nós, humanos, também somos animais. Assim como nós, os outros animais sentem medo, dor, solidão e desalento. Sabemos que seres humanos não são iguais entre si, mas as semelhanças apagam as diferenças quando se trata de direitos e tratamentos básicos – pelo menos em teoria. Assim, podemos aprender mais sobre aspectos em comum com outras espécies ao mesmo tempo que valorizamos a diversidade, pois, se somos tão díspares dos outros animais, o que nossa qualidade humana exige de nós na maneira de tratá-los? E se somos animais – e somos de tantas formas diferentes –, o que nossa qualidade animal compartilhada pede de nós?

O arco do universo precisa de nós para se inclinar para a justiça.

Ação diária 14
Lanchinhos energéticos para protestar

Seja em um dia de manifestações, seja organizando um almoço de protesto, uma coisa é certa: resistir queima calorias. Uma boa dica é abastecer o freezer com barrinhas caseiras, dessas que você pode levar no bolso. Nesta seção, tem também a receita de castanhas ao alecrim, um ótimo lanchinho, rápido e fácil de levar.

Antigo ingrediente na culinária vegetariana, não nos esqueçamos de que o sanduíche de pasta de amendoim é outra opção prática. Inventada em 1895 por John Harvey Kellogg para substituir a carne na alimentação dos seus pacientes no sanatório em Battle Creek, no estado de Michigan, a pasta é rica em energia e proteínas, sendo um excelente alimento para dias de manifestação. Fica ótima com banana ou maçã em rodelas, cenoura ralada, picles ou geleia. Os alérgicos a amendoim podem optar pelas pastas de amêndoa, castanha-de-caju, avelã ou sementes de abóbora e girassol. Passe em torradinhas, bagels, muffins, pão integral, e está pronto um belo lanchinho para os dias de resistência e protesto.

Bolinhas de aveia e pasta de amendoim
Rende 24 bolinhas

Estas bolinhas podem ser congeladas. Chame as crianças para ajudar. Você pode fazer com qualquer combinação de manteiga vegetal, castanhas ou sementes picadinhas e frutas secas.

2 xícaras de aveia em flocos finos
½ xícara de farinha de linhaça ou gérmen de trigo tostado
¼ de xícara de lascas de amêndoas
¾ de xícara de damasco picado
½ colher (chá) de canela em pó
1 xícara de pasta de amendoim natural (lisa)
½ xícara de xarope de bordo, melado ou outro adoçante
    líquido

- Em uma tigela grande, misture a aveia, a linhaça, as amêndoas, os damascos e a canela.
- Em uma panela pequena, leve a pasta de amendoim e o xarope ao fogo brando até a pasta derreter. Despeje a pasta derretida por cima da aveia e misture bem.

- Enrole a mistura em bolinhas do tamanho de nozes e arrume-as em uma assadeira grande. Leve à geladeira por, no mínimo, 1 hora. Outra opção é preencher uma assadeira retangular de 23 cm × 33 cm com a massa, levá-la à geladeira e depois cortá-la no formato de barrinhas.

Castanhas ao alecrim
Rende 8 porções

Esta é uma receita muito prática, que leva pouco sal e açúcar.

2 xícaras de oleaginosas cruas de sua escolha (experimente usar uma mistura de nozes, nozes-pecãs e amêndoas)
2 colheres (sopa) de manteiga vegana
3 colheres (sopa) de açúcar mascavo claro
3 colheres (sopa) de alecrim fresco picado
½ colher (chá) de sal kosher

- Preaqueça o forno a 180 °C.
- Espalhe as castanhas em uma assadeira, formando uma única camada. Leve para assar por 10 minutos.
- Enquanto as castanhas assam, derreta a manteiga. Adicione o açúcar, o alecrim e o sal.
- Transfira as castanhas para uma tigela, adicione a mistura de manteiga e mexa com o auxílio de uma colher de pau. Espalhe-as novamente na assadeira e espere que esfriem.

Ação diária 15
Aposte na dupla verduras e feijão

Se existe algo que une as pessoas, poderia ser a dupla dinâmica verduras e feijão. De uma forma ou de outra, ela está presente nas mesas de vários países. Você pode combinar qualquer tipo de feijão, ou grão, com espinafre, couve, folha de mostarda, couve-chinesa – o que preferir. Refogue com alho e cebola e outros temperos.

Feijão-carioca com couve ao molho de tahine
Rende 6 porções

Esta receita chegou a nós pelas mãos da nutricionista e talentosa cozinheira vegana Gena Hamshaw, do *blog* The Full Helping. Com o molho de tahine, este prato tão simples chega a outro patamar.

1 colher (sopa) de azeite de oliva
1 cebola sem casca picada
½ colher (chá) de sal (mais uma pitada para refogar a cebola)
3 dentes de alho sem casca bem picados
½ colher (chá) de páprica defumada
1 maço grande (450 g) de couve-manteiga lavada e seca cortada fininho
1 xícara de caldo de legumes
3 xícaras de feijão-carioca cozido
uma pitada de pimenta calabresa (ou a gosto)
pimenta preta a gosto

Ingredientes para o molho de tahine
¼ de xícara de tahine
¼ de xícara de água
2 colheres (sopa) de suco de limão-siciliano
1 dente de alho sem casca pequeno picado em fatias fininhas
¼ de colher (chá) de sal
pimenta preta a gosto

- Em uma frigideira grande em fogo médio, esquente o azeite. Acrescente a cebola com uma pitada de sal. Sem parar de mexer, refogue-a até murchar e dourar levemente, processo que leva de 7 a 8 minutos. Adicione o alho, a páprica e a ½ colher (chá) de sal. Refogue por mais 2 minutos.
- Acrescente a couve e o caldo. Deixe a panela tampada até a couve murchar (dica: acrescente a verdura aos poucos). Reduza a chama para média-branda, destampe a panela e deixe a couve cozinhar por mais 10 minutos, mexendo de vez em quando. Adicione o feijão e uma pitada da pimenta calabresa.
- Tempere com pimenta preta a gosto.
- Para preparar o molho de tahine, basta misturar todos os ingredientes.
- Sirva o ensopado em cumbucas, ou por cima de arroz integral, com o molho de tahine à parte.

Ação diária 16
Faça um estoque de alimentos veganos prontos

Para aderir ao veganismo, você não precisa abrir mão de produtos prontos. Sim, cozinhar com alimentos frescos traz vantagens, mas nem todas as pessoas têm essa possibilidade. E mesmo

146 COZINHA DE PROTESTO

quem dispõe de mais recursos e sabe cozinhar às vezes precisa de opções para ganhar tempo e facilitar a vida. Com estes ingredientes em casa, você pode preparar refeições saudáveis em qualquer situação.

Aveia em flocos
Cereais matinais
Leites vegetais em embalagem longa vida
Sopas congeladas
Feijão e grãos em conserva
Arroz pré-cozido para micro-ondas
Arroz e outros cereais pré-cozidos e congelados
Substitutos veganos de carne (congelados)
Misturas de arroz/massas pré-preparadas (verifique rótulos, pois nem todas são veganas)
Legumes congelados ou em conserva (e também legumes que podem ir direto ao micro-ondas na própria embalagem)
Verduras higienizadas
Tofu assado
Proteína vegetal texturizada
Manteigas vegetais
Frutas vermelhas congeladas

Três refeições rápidas e práticas

- Mingau de aveia com leite de amêndoas, nozes e frutas vermelhas congeladas
  Bagel com pasta de amendoim

- Tabule com grão-de-bico
  Salada pré-higienizada com molho pronto

- Arroz pré-cozido
  Feijão temperado com molho de tomate mexicano
  (em conserva)
  Espinafre pré-cozido congelado

CAPÍTULO 6

O CULTIVO DA COMPAIXÃO

No livro *A origem do homem*, Charles Darwin indica que se compadecer pelo próximo é um traço instintivo mais forte que o interesse próprio, sendo fator importante para a evolução da espécie. Existem provas de que agir com empatia pode estimular atividades cerebrais em áreas associadas a sentimentos de recompensa. Talvez seja esse o motivo de a compaixão ser um sentimento tão bom, embora etimologicamente a palavra signifique "sofrer com". Ao expressar a compaixão, queremos ajudar a mitigar o sofrimento de alguém.

É muito comum ouvir "mas você não pode mudar o mundo", como que desmerecendo quem se preocupa e se mobiliza pelo próximo. Acreditar que se pode fazer algo para aliviar o sofrimento de alguém ajuda a intensificar o sentimento de empatia. Algumas pesquisas indicam que a compaixão aumenta quando você acredita que seus atos fazem a diferença.[1] O veganismo oferece um lugar para começar, já que a compaixão está no cerne da vivência vegana de muitos de nós. Com tarefas do dia a dia como preparar refeições, fazer compras e limpar a casa, podemos externar uma postura mais empática a partir das nossas escolhas. Assim como uma meditação que fazemos ao caminhar, adotar uma alimentação vegana não é apenas uma forma de externar o sentimento de compaixão, mas de construí-lo. Você pode pensar que ou a pessoa tem sensibilidade ou não tem. No entanto, pesquisas indicam que é possível aprender a desenvolver esse sentimento. E começamos esse aprendizado observando o que temos em comum com o próximo, e também quando vemos os outros como indivíduos. A desigualdade é um empecilho para a compaixão porque é mais difícil se compadecer de alguém que você considera inferior. Compadecemo-nos menos de quem consideramos inferior. E também sentimos menos empatia por aqueles a quem culpamos por seus infortúnios.

> Com tarefas do dia a dia como preparar refeições, fazer compras e limpar a casa, podemos externar uma postura mais empática a partir das nossas escolhas.

Simone Weil, escritora francesa do século XX, escreveu: "O amor pelo próximo, em sua integralidade, consiste basicamente em saber perguntar 'Como você tem passado?' e conseguir ouvir a resposta."[2] E ela continua: "Com essa pergunta, reconhecemos que a pessoa que sofre existe", e que ela não é mais um item de uma coleção, ou um espécime de uma categoria social rotulada como "desafortunada", mas como um indivíduo "que um dia recebeu a marca especial da aflição". Para nós, essa é a base da compaixão.

A compaixão restrita ao mundo privado

Durante décadas – e até mesmo por séculos –, o tema da compaixão foi banido da esfera pública, ficando restrito ao mundo privado. No fim do século XVIII, a filosofia passou a valorizar abordagens racionais para nortear o comportamento e as decisões, desmerecendo tudo o que remetesse ao "emocional". E com a evolução das famílias nos dois séculos seguintes, os homens passaram a ser estimulados a buscar características como autonomia e independência, sistemas esses em que uma qualidade como a empatia era criticada, estereotipada e alvo de deboche.

No século passado, principalmente nos anos 1950, o cuidar assumiu um caráter sentimental, ficando mais restrito aos espaços privados, e não público. E, nesse movimento, evoluiu também uma sutil misoginia. Politicamente, o cuidar passou a ser visto como algo fraco.[3] No livro *The Way We Never Were* [O jeito que nunca fomos], Stephanie Coontz observa que "emoções e compaixão deveriam ser desconsideradas nas esferas política e econômica apenas se essas atribuições coubessem às mulheres na esfera pessoal". À medida que a cultura do "individualismo" e da "sobrevivência dos mais aptos" se disseminou na sociedade, a família passou a ser cada vez mais idealizada como lugar de altruísmo e amor.

O resultado disso é o apagamento da compaixão em nossa essência enquanto pessoas politicamente engajadas. Ao contrário, essa atribuição do cuidado à esfera privada ajudou a perpetuar, e até mesmo consagrar, um grau de perversidade na política. Nas eleições presidenciais de 2016 nos Estados Unidos, vimos a rapidez com que as pessoas abandonaram a importância dada à compaixão, à gentileza e à solidariedade entre figuras públicas, optando por aplaudir (literalmente) comportamentos que não toleraríamos em casa.

A compaixão inclui também a hospitalidade

No dicionário, a palavra "hospitalidade" é definida como a "recepção e o tratamento cordiais oferecidos a hóspedes ou pessoas desconhecidas", ou como "a qualidade ou disposição para receber hóspedes ou pessoas desconhecidas de forma calorosa, cordial e generosa". Em oposição, "xenofobia", ou "aversão a desconhecidos", apenas faz menção a diferenças, em particular raciais e étnicas.

Na Europa, a questão da hospitalidade tem sido alvo de acalorados debates, à medida que a crise humanitária dos imigrantes se revela. A situação se agravou em 2011, assim como acontecera com imigrantes do Afeganistão e do Iraque, quando esses países viveram conflitos bélicos. Apenas em 2015, mais de 1 milhão de imigrantes e refugiados entraram na Europa, e a expectativa é de que essa migração continue.[4] Infelizmente, esses refugiados muitas vezes são recebidos não com acolhimento, mas em um clima de pânico, medo e estereótipos, resultado de nacionalismo e xenofobia.

Segundo o sociólogo Zygmunt Bauman, os esforços para rotular certos grupos como indignos de respeito ajudam a mudar o foco "da esfera da ética para a esfera da segurança pública, prevenção de crimes e punição, criminalidade, defesa da ordem, e, com isso, o estado de emergência que costuma ser associado a ameaças de ofensivas militares"[5]. Bauman discute o "pânico moral" usado como recurso de políticos para inflamar sentimentos de xenofobia contra imigrantes e refugiados.

Em abril de 2016, o Southern Poverty Law Center (SPLC), que monitora as atividades de grupos de ódio nos Estados Unidos, entrevistou 2 mil professores de todo o país sobre o efeito, nos alunos, das eleições presidenciais daquele ano. Os professores entrevistados relataram um aumento na quantidade de comentários anti-imigração e anti-islamismo nas escolas. Para essa tendência, o SPLC deu o nome de "Efeito Trump".[6] Depois das eleições, foi realizada nova pesquisa, dessa vez com 10 mil professores, e nela foi constatado um aumento considerável das denúncias de assédio em relação a abril de 2016, junto a uma intensificação de casos de ansiedade entre os alunos de minorias étnicas.

Nos Estados Unidos e na Europa, segue a discussão sobre as boas-vindas a desconhecidos ou a qualquer um que não "seja como nós". Para muitos, "como nós" se refere à maioria branca, maioria esta cada vez menor, aliás. A escritora Jennifer Mendelsohn descobriu uma forma de questionar as posições anti-imigração de representantes do governo dos Estados Unidos e outros. Em seu projeto na rede social Twitter, #resistancegenealogy, Mendelsohn revela as origens imigrantes de políticos contrários à imigração. "Se você não é descendente de povos nativos ou de pessoas escravizadas trazidas contra a vontade delas, você é, sim, descendente de imigrantes", pontua a escritora.

Com a empatia como o cerne do seu pensamento, o veganismo traz um questionamento à xenofobia. E, dentro da ética vegana, quebram-se barreiras da alteridade, e todos os seres são vistos com respeito. E embora a ética vegana esteja centrada nos animais, em termos lógicos ele não poderia existir sem um ponto de vista mais amplo, que abarca todas as pessoas e considera todos como dignos de respeito. Esse tipo de veganismo tem a compaixão em seu cerne e estende a hospitalidade a todos.

> Dentro da ética vegana, quebram-se barreiras da alteridade, e todos os seres são vistos com respeito.

A compaixão pelos animais

Em 1965, a romancista Brigid Brophy fez a seguinte observação: "Sempre que alguém pede que não sejamos sentimentais, é porque está prestes a fazer algo terrível. E se ainda disserem que é preciso sermos realistas, é porque vão lucrar com a situação". Embora Brophy pudesse estar falando sobre a falta de compaixão representada pelas políticas de exclusão, se referia à agropecuária.[7]

As pessoas são "sentimentais" em relação a animais o tempo todo, e não apenas com os que criam como animais de estimação. Existem equipes de resgate marítimo para libertar baleias e golfinhos encalhados em praias. São comuns notícias de animais silvestres aparecendo nas casas e quintais das pessoas. Em geral, especialistas são chamados para resgatar os bichos e cuidar deles.

E não são apenas os animais silvestres que despertam a vontade de ajudar. Uma vaca se tornou heroína local após fugir de um matadouro em Cincinnati e passou onze dias solta, despistando as equipes de captura. Depois de ser apanhada, não foi levada para o matadouro, e sim para uma fazenda de proteção animal! O público se preocupa com animais, como essa vaca, quando os casos ganham cobertura na imprensa, destacando características como individualidade e vontade de viver.

Os animais das grandes fazendas industriais também querem viver. E querem ser livres. No entanto, compadecer-se de um grupo de seres é muito mais difícil quando eles vivem e morrem longe de nossa vista. Uma das características da política da maldade é o grande esforço para manter e ocultar as crueldades que são perpetradas. Nos Estados Unidos, o setor agrário mobiliza políticos para aprovar leis que impeçam a ação dos ativistas pró-direitos animais em suas operações. Pecuaristas não querem que a população veja o que acontece dentro dos matadouros, ou pelo menos tentam restringir o acesso a vídeos que mostram essa realidade a um público cuidadosa e seletivamente escolhido por eles mesmos. Às vezes, até mesmo o público é cúmplice nesse movimento. Será que queremos mesmo saber como os animais são tratados? Nas palavras da poeta e ativista Maya Angelou: "Foi então que aprendi o que fazer. Agora que aprendi a fazer melhor, eu faço melhor". É este o desafio de conhecer as práticas da agropecuária: as escolhas difíceis. É por causa delas que nem sempre queremos saber a verdade.

No artigo "Consider the lobster" [Pense na lagosta], publicado na revista *Gourmet*, David Foster Wallace fez o famoso questionamento: "É aceitável ferver vivo um ser senciente apenas pelo prazer gustativo?"[8] E ainda admite: "Todo o contexto dos maus-tratos na criação e consumo de animais não é apenas complexo, ele é também uma questão incômoda. Em qualquer circunstância, é uma questão não apenas para mim, mas para quem consome vários tipos de alimentos e não quer se sentir perverso e insensível. Minha maneira de conviver com esses conflitos é evitar pensar na situação desagradável".

Obviamente, Wallace não está sozinho. Em pleno século XXI, é provável que a maioria das pessoas acredite que os maus-tratos a animais sejam um fato raro em fazendas, e que as leis protegem as vacas, os porcos e as galinhas. Só que essas leis não existem. Nos Estados Unidos, a legislação do bem--estar animal não protege os animais de criação pecuária. A maioria das situações que ocorrem em propriedades rurais – industriais, familiares, orgânicas ou convencionais – escapa do escopo criminal. Essas práticas incluem retirar bicos de galinhas sem anestesia, castrar leitões também sem anestesia, matar pintinhos machos por sufocamento ou simplesmente moendo-os vivos, e diversas outras práticas padrão na agropecuária moderna. Mas se essas perversidades fossem cometidas contra um cachorro ou um gato, seriam enquadradas na lei como maus-tratos animais. No campo, são práticas correntes e respaldadas pela legislação.

O fato de essas atividades serem legalizadas aumenta ainda mais nossa responsabilidade para discernir atos de crueldade e reagir a eles.

Pense nos pássaros e nos peixes

David Foster Wallace faz uma observação pertinente quando tira o foco das lagostas e passa para os animais de criação pecuária: "É emblemático que as palavras 'lagosta', 'peixe' e 'frango/galinha' se apliquem às carnes e aos animais em si, e que para carnes de mamíferos, como as de vaca ou de porco, sejam usados eufemismos como 'bife' e 'pernil', palavras que acabam separando a carne do animal do qual ela já fez parte".[9]

Existem indícios de que as pessoas se sentem pouco incomodadas – ou nem um pouco incomodadas – de consumir aves e peixes. Talvez seja por isso que os reducetarianos geralmente cortem as carnes bovina e suína da alimentação. Essa decisão parece o ponto de partida mais lógico. Evitar esses alimentos faz bem à saúde do corpo e do ambiente, faz bem às vacas e aos porcos também. Mas se a sua motivação para reduzir o consumo de carne parte do princípio da caridade pelos animais, não há lógica em começar dessa forma. Se a ideia é contribuir verdadeiramente com mudanças significativas contra o sofrimento dos bichos, faz muito mais sentido parar de comer frangos e peixes.

As aves

Dos 25 animais que uma pessoa média consome por ano, 24 são aves: frangos e perus. É claro que isso se explica pelo tamanho pequeno dos frangos. Para obter a mesma quantidade de carne de uma vaca, são necessários duzentos frangos. Além disso, são muito consumidos, pois sua carne é vista como mais saudável, com preço baixo e, sim, porque as pessoas gostam. O caso de amor dos estadunidenses com esse tipo de carne representa a morte de 130 mil dessas aves por hora, todo dia.[10] Nos Estados Unidos, o consumo de carne bovina vem caindo, mas o de frango segue mais alto que nunca. Como resultado, apesar de o consumo de carne estar em queda, matam-se cada vez mais animais.

Eles não apenas sofrem em números altos, mas também sua dor é gigantesca.

A lei do abate humanitário nos Estados Unidos, fraca que só ela, não inclui aves, ou seja: esses animais não são contemplados pela lei que obriga os matadouros a tomar medidas que reduzam o sofrimento no hora da morte. Embora frangos e perus já devam estar sem vida no momento em que são mergulhados em água fervente, devido à alta velocidade da linha de produção dos matadouros, às vezes essa etapa acontece com eles ainda vivos. Segundo dados do Departamento de Agricultura dos Estados Unidos, cerca de 1 milhão de frangos são mergulhados vivos em água fervente por ano.[11]

No entanto, a vida de um frango criado para produção de carne ou ovos já é sombria antes mesmo de ele chegar ao matadouro. Amontoados às dezenas de milhares em galpões sem janela, as aves ficam expostas aos gases de amônia de seus próprios excrementos e podem até ficar incapacitadas de andar – como são criadas para crescer rápido, as pernas não aguentam o peso. O Dr. John Webster, ex-professor britânico de veterinária, já descreveu a produção moderna de frango como "o exemplo mais contundente e sistemático da perversidade humana contra outros seres sencientes", na sua magnitude e gravidade.[12]

Peixes também sentem

Apesar de ser difícil se compadecer de peixes, a ciência mostra que eles são criaturas muito mais complexas do que se imaginava. Capazes de fazer planejamentos e usar ferramentas, eles também têm memória longa. Assim como outros poucos animais, incluindo humanos, alguns deles podem até mesmo se reconhecer no reflexo do espelho. Criaturas sencientes, eles também sofrem.[13]

158 COZINHA DE PROTESTO

Peixes para consumo e fabricação de produtos à base de peixe, como suplementos de óleo de peixe, podem vir de criação ou da pesca marinha. Na pesca comercial, empregam-se muitos métodos, inclusive o de arrasto com redes e o uso de linhas e anzóis. A mudança de pressão que acontece quando eles são rapidamente puxados das profundezas do oceano pode levar a uma morte dolorosa e agonizante. Não existem exigências para o abate humanitário de pescados. A maioria desses animais morre por asfixia em redes de pesca ou no convés das embarcações. Mesmo que você coma carne de peixe poucas vezes por semana, estimula uma prática responsável pela morte de muito mais peixes e animais marinhos do que imagina. Centenas de milhares de tartarugas, pinguins e outras aves e mamíferos marinhos, como baleias, golfinhos e toninhas, morrem por captura acidental, ou seja, são apanhados com peixes, mas descartados em seguida. Quem consome pescado de cativeiro também acaba sendo responsável pela morte de mais de cem pescados selvagens que são retirados da natureza para alimentar um único pescado de cativeiro.[14]

Bullying,
animais e veganismo

A prática do *bullying* é uma expressão de poder e de controle. Para exercê-lo, é preciso antes reduzir uma pessoa a um objeto, a um fragmento com o qual não precisa se preocupar. O *bullying* nasce do medo, da desinformação e da cultura de objetificar e diminuir os outros, processo que cria barreiras à empatia. Em uma pesquisa de 2005, foi constatada a relação dessa triste prática com maus-tratos contra pessoas e animais. O estudo, que envolveu mais de quinhentas crianças, indicou que os *bullies* escolares "tinham duas vezes mais chances de já ter cometido maus-tratos contra animais que seus colegas não envolvidos em *bullying*". Em outra pesquisa, realizada com universitários do sexo masculino, constatou-se que os alunos envolvidos em pelo menos um episódio de maus-tratos contra animais tinham mais chance de terem sido vítimas ou causadores de *bullying*.

Os que já haviam sido vítimas e causadores de *bullying* apresentaram mais chance de já ter participado de vários maus-tratos a animais, e de ter maior tolerância ao sofrimento deles.[15] Pode parecer forçação de barra insinuar que os bichos criados nas grandes fazendas industriais sejam vítimas de *bullying*: afinal de contas, eles não são submetidos a essas condições só porque temos o desejo de agredi-los para nos sentirmos poderosos, mas porque queremos ter carne, leite e couro. No entanto, o ambiente que permite à humanidade aceitar como normal o uso de animais dessa forma é significativamente parecido com o mesmo ambiente que leva à prática de *bullying*: temos uma sensação de controle sobre a vida dos animais e uma ilusão de superioridade e legitimidade. Reduzimos os animais a coisas (nas grandes fazendas, é comum identificá-los por números, e não por nomes) ou, como já mencionamos no capítulo 1, como máquinas.

Ao usar animais para uso e consumo próprios, é preciso se manter desinformado a respeito de tudo que eles passam nas fazendas industriais – tarefa cada vez mais difícil na era da informação – ou continuar insensível a essa situação. Considerando que sabemos dos benefícios da compaixão para nós como espécie e como indivíduos, estender esse sentimento para os animais confinados nas fazendas também pode ser benéfico para todos nós.

O que aprendemos
com a resistência animal

Pense nesta situação: assim como resistimos à política de retrocessos, os animais também têm suas formas de resistência. No entanto, no caso deles, a resistência é contra nós. Quando conseguem, eles fogem de matadouros, desviam de quem tenta pegá-los ou se escondem nas matas. Um exemplo disso é o da vaca que teve gêmeos e conseguiu, por duas semanas, esconder um dos filhotes para amamentá-lo, até o dia que o criador descobriu e levou o pequeno. Na Nova Zelândia, as ovelhas conseguem destravar os portões para fugir. Elefantes em cativeiro se recusam a obedecer a comandos, mesmo sob o risco de serem rasgados com as ferramentas pontiagudas usadas para adestramento. E as lagostas que escalam a panela de água fervente, tentando escapar da morte? Porcas prenhes encarceradas em gaiolas de gestação resistem ao cativeiro, às vezes durante muitos dias.

Quando um animal passa por uma situação de violação, é um fato importante para ele. É o motivo de sua existência. Não nos é dado saber o que os animais sabem, mas podemos saber o que sentem e o que passam: desconforto, dor, medo, luto, exaustão, imobilidade, fome.

A compaixão por nós mesmos

Estar atento à forma como os animais vivem pode levar a sensações fortes de pesar, tristeza e desespero. No entanto, não é por isso que devemos nos sentir incapacitados. De certa forma, esses sentimentos nos enriquecem, pois nos mostram que estamos conectados e que nossa capacidade de dar conta de situações difíceis é maior que imaginamos.

"Mas por que você se importa tanto com o sofrimento dos animais se há tanta gente sofrendo?"

1. *A benevolência não é divisível, ela não é excludente.*
2. *O cuidado gira em torno de relações. A forma de alguém se relacionar com os animais não a impede de se solidarizar com pessoas.*
3. *O que acontece com os animais contribui para o sofrimento humano.*
4. *O sofrimento animal tem importância por ser uma questão moral.*
5. *Há quem seja extremamente habilidoso ajudando pessoas; outros, ajudando animais. Ninguém questiona o veterinário por ele não ser neurocirurgião. Aceitamos que os animais necessitam de cuidados.*
6. *Ter compaixão pelos animais é uma maneira de lembrar que nem sempre o sofrimento precisa ser verbalizado para ser real.*
7. *Quando nos preocupamos com os animais, nos compadecemos de sua situação, aprendemos a contornar as hierarquias rígidas da sociedade humana.*
8. *Faça a seguinte pergunta para si mesmo: "Quando aqueles que lutam por um mundo melhor brigam entre si, quem se beneficia?"[16]*
9. *Por trás dessa pergunta, há a pressuposição de que os mais oprimidos da sociedade não se importam com os animais. Fato é que eles se importam, sim. É muito comum pessoas em situação de rua se recusarem a ir para os abrigos da prefeitura quando a exigência é abandonarem seus animais de estimação. Mulheres vítimas de violência doméstica às vezes permanecem em casa ou voltam pensando em proteger seus bichinhos.*

A fotojornalista Jo-Anne McArthur já rodou o mundo registrando em fotos a nossa relação com os animais. Com dois livros publicados – *We Animals* [Nós, os animais] e *Captive* [Cativo] –, McArthur já fotografou animais em fazendas industriais, em matadouros, propriedades rurais de famílias, laboratórios, zoológicos e circos. Conversamos com ela sobre o tema da compaixão:

> Depois que comecei a enxergar, não dava mais para "desver". O meu trabalho é, literalmente, olhar os animais nos olhos e criar uma ligação com eles para que o público leitor, o observador, também consiga fazer isso por meio das imagens. Quando o animal olha para a lente, está olhando para o público. Tento ser delicada com eles, tento depreender um pouco de sua personalidade, um pouco de sua angústia, e me identificar com isso tudo. E aí repito o processo mais uma vez, e de novo, com o próximo animal: a porca em sofrimento, a vaca leiteira cujo filhote foi levado, o vitelo confuso sem saber o que está acontecendo, um bebê arrancado da mãe.
>
> As pessoas me perguntam como consigo sobreviver. E a resposta é que nem sempre sobrevivo. É inevitável: fico abalada com as situações que presencio e sofro por isso. Tenho marcas. Demorei muito para aceitar que minha tarefa é registrar as situações retratadas, que não posso salvar todos que encontro. E essa consciência tem que bastar para mim, faço o melhor que posso. O meu processo foi esse. Minha tarefa é a de conscientizar as pessoas. Trabalho muito para conseguir isso, esse é o meu papel. Tenho que estar feliz para realizar o meu trabalho, então procuro focar no que há de bom nas pessoas e nas mudanças. Costumo dar o seguinte conselho: nutram e valorizem a alegria, pois quando não fazemos isso, a exaustão chega, e chega rápido.

Ser uma pessoa com compaixão é ser alguém que se compadece. Nós nos compadecemos pelos animais, pelo meio ambiente, pelas famílias separadas por perversas leis de imigração, pelas mães e pais que perderam os filhos para a violência, pelas crianças trans que, por sofrerem *bullying*, tiraram a própria vida. Sabemos – como diz a cantora e ativista Joan Baez – que a "ação é o antídoto para o desespero".[17] Assim, participamos de marchas, cobramos nossos representantes no legislativo, doamos para projetos com boas causas, fazemos trabalho voluntário distribuindo comida a quem precisa ou em abrigos de animais. Pedimos votos, plantamos hortas, vamos às urnas e nos candidatamos. E nos permitimos sentir o pesar. Mas também aprendemos a desenvolver maneiras de ter compaixão por nossas próprias realidades sofridas, valorizando nossas conquistas e descobrindo formas de nutrir a alegria.

O cuidado sempre traz consigo um quê de convite: um chamado para desenvolver a compaixão dentro de nós e no mundo. E se pensarmos no cultivo da compaixão da mesma forma como pensamos no cultivo de uma horta? Primeiro começamos com a intenção; identificamos as nossas necessidades e discutimos o que plantar. No caso da compaixão, trata-se do ingrediente e também da ação – por isso precisamos começar pelas sementes do cuidado. Os jardins e as hortas precisam de proteção, como manta orgânica, adubo e água, assim como os nossos sentimentos de compaixão: eles precisam ser cuidados, o que, nesse caso, é o próprio ato de exercer a compaixão. Afastar hábitos que agora sabemos ser prejudiciais é semelhante à limpeza das hortas, tão necessária no período do outono, como arrancar os tomateiros. Dessa forma, abrimos espaço na vida para demonstrar gentileza cotidiana para quem nos cerca e para encontrar formas pessoais e políticas de exercer a hospitalidade e a compaixão para com todos.

Ação diária 17
Valorize a culinária do Oriente Médio

Veganismo é compaixão, aceitação, inclusão e hospitalidade. Recebemos todos em nossas mesas. Nos últimos anos, muitos passaram a não se sentir tão bem-vindos nos Estados Unidos. Nesse caso em particular, a hostilidade contra pessoas vindas do Oriente Médio aumenta cada vez mais. Há muito a ser feito para reagir a essa tendência, e uma das formas de combater a islamofobia e a hostilidade contra esses imigrantes é valorizando as culinárias excepcionais desses povos, tão atacados por políticos anti-imigração. Trazemos aqui duas de nossas receitas preferidas.

Muhammara (patê de pimentão vermelho)
Rende 2 xícaras

Este patê sírio à base de nozes é uma deliciosa alternativa ao homus. Vale a pena comprar o melado de romã, pois esse ingrediente confere um sabor especial às preparações.

1 xícara de pimentão vermelho assado
1 xícara de nozes ligeiramente tostadas
2 dentes de alho sem casca picados
1 colher (chá) de suco de limão-siciliano
½ colher (chá) de cominho em pó
1 colher (chá) de pimenta calabresa (ou a gosto)
2 colheres (chá) de melado de romã
¼ de xícara de azeite de oliva extra virgem
¼ de xícara de farelo de pão fresco
sal a gosto
pão pita ou pão folha para acompanhar

- Em um processador, misture o pimentão vermelho assado, as nozes, o alho, o suco de limão, o cominho, a pimenta calabresa, o melado de romã e o azeite. Bata até formar uma mistura lisa.
- Adicione o farelo de pão e bata mais, até homogeneizar. Tempere com sal a gosto.
- Sirva com pão.

Babaganuche
Rende 8 porções (como entradinha)

Esta pastinha, um clássico das culinárias do Oriente Médio, é feita com a berinjela tostada na chama, o que lhe confere um sabor defumado. Nesta versão mais fácil, você pode utilizar uma ou duas gotinhas de fumaça líquida.

2 berinjelas médias
suco de 1 limão-siciliano
¼ de xícara de tahine
3 dentes de alho sem casca
¼ de xícara de salsinha picada
1 colher (chá) de sal
¼ de xícara de cebolinha picada fino
1 colher (sopa) de azeite de oliva
uma pitada de pimenta-de-caiena
1 ou 2 gotas de fumaça líquida
pães pita ou pães folha cortados em fatias para acompanhar

- Preaqueça o forno a 200 °C.
- Lave as berinjelas. Com o auxílio de um garfo, faça furos na casca. Coloque-as em uma assadeira e leve ao forno para assar por 45 minutos, ou até que fiquem murchas e enrugadas.

- Com elas mornas, abra-as e retire a polpa com o auxílio de uma colher. Coloque-as no processador junto dos demais ingredientes e bata até formar uma pasta lisa.
- Deixe gelar e sirva com pão pita ou folha em fatias.

Ação diária 18
Experimente substitutos veganos de frango

Não consumir frango e peixe é uma das decisões mais bondosas que se pode tomar. Esses animais, criados aos montes, são vítimas de práticas altamente perversas da indústria alimentícia; tirá-los do cardápio já é um bom começo.

É possível encontrar versões veganas de frango como hambúrguer, nuggets, filezinhos e outras preparações – com muito sabor e zero de maldade contra os bichinhos.

Para emular o sabor de frango em seus pratos, uma dica é utilizar temperos específicos para essa carne; procure as opções que mais lhe agradam. Você pode empanar tofu em cubos ou seitan em uma mistura de farinha de trigo e tempero para aves, e depois fritá-los. Alguns temperos para aves podem servir também para o preparo de caldos e molhos. Há muitos temperos prontos que são vendidos a granel em empórios e feiras livres – procure apenas evitar os ultraprocessados vendidos nos supermercados.

Empadão
de "frango" vegano

Um dos pratos caseiros mais queridos, o empadão de frango pode facilmente ser veganizado. Nesta receita, usamos tofu refogado, mas você pode usar também substitutos veganos de frango. Outra opção é usar tirinhas de bife de soja sabor frango (veja página 91), ou simplesmente não usar "carne" nenhuma e ficar com um delicioso empadão de legumes.

230 g de tofu firme
3 colheres (sopa) de azeite
1 colher (sopa) de tempero pronto para aves
½ xícara de cebola sem casca cortada em cubos
¼ de xícara de salsão picado
1 cenoura cortada em cubos
2 xícaras de caldo de legumes
1 batata-inglesa cortada em cubos
2 dentes de alho sem casca bem picados
¼ de xícara de farinha de trigo
½ xícara de ervilha fresca ou congelada
1 colher (chá) de sálvia desidratada
1 colher (chá) de tomilho desidratado
sal e pimenta preta
2 massas de torta vegana prontas

- Preaqueça o forno a 200 °C.
- Enrole o tofu em um pano de prato limpo, ou em folhas de papel-toalha, para retirar o máximo de água possível. Corte-o em cubos pequenos.
- Leve uma frigideira grande ao fogo médio. Aqueça 1 colher (sopa) do azeite. Adicione o tofu picado e deixe refogar por aproximadamente 10 minutos, até dourar. Retire-o da frigideira. Polvilhe com ½ colher (sopa) do tempero para aves. Reserve.
- Na mesma frigideira, aqueça mais 1 colher (sopa) de azeite. Adicione a cebola, o salsão e a cenoura. Refogue-os até a cebola ficar transparente. Acrescente ½ xícara do caldo de legumes, a batata e o alho. Tampe e deixe ferver em fogo brando, até a batata amolecer um pouco. Retire os legumes da frigideira.

- Com a frigideira ainda no fogo, aqueça o azeite restante e adicione a farinha. Misture e deixe cozinhar por aproximadamente 2 minutos. Aos poucos, acrescente o caldo de legumes restante, sem parar de mexer para não empelotar. Adicione o que sobrou do tempero de aves. Deixe cozinhar em fogo brando até o molho engrossar. Acrescente o tofu, os legumes, as ervilhas, a sálvia e o tomilho e misture bem para cobri-los com o molho.
- Tempere com sal e pimenta preta.
- Espalhe essa mistura por cima de um dos discos de massa de torta. Com o auxílio de um rolo abridor de massas ou com as mãos, achate o outro disco de massa e deite-a por cima do recheio. Feche as bordas. Faça um corte em cruz no meio da massa.
- Leve ao forno para assar por aproximadamente 30 minutos, até a massa dourar e o recheio começar a borbulhar.

Ação diária 19
Experimente substitutos veganos de peixe

Vegetais marinhos desidratados (mais comumente chamados de algas marinhas) são uma opção simples e eficiente de deixar seus pratos com o sabor "do mar". Além de nutritivos e saborosos, são um tipo sustentável de frutos do mar. Para este sanduíche vegano, que lembra o tradicional de atum, usamos kombu desidratada (granulada).

Salada de "atum" vegana
Serve 4 porções

Esta pastinha de grão-de-bico é rápida de fazer e perfeita para usar em sanduíches, ou com uma saladinha de alface, quando você quiser uma refeição mais leve.

1½ xícara de grão-de-bico cozido e escorrido
¼ de xícara de salsão picado
¼ de xícara de cebola sem casca bem picada
1 colher (sopa) de suco de limão-siciliano
¼ de xícara de maionese vegana
½ colher (sopa) de alga-marinha seca granulada
2 colheres (sopa) de salsinha picada (opcional)
sal e pimenta preta a gosto
pão integral para servir
rodelas de tomate para acompanhar

- Usando um processador ou amassador de batata, triture o grão-de-bico cozido, deixando alguns grãos inteiros. Transfira o purê para uma tigela.
- Acrescente os demais ingredientes. Ajuste os temperos se for necessário.
- Sirva com o pão integral e as rodelas de tomate.

Ação diária 20
Leve as crianças para conhecer um santuário animal (ou leve um santuário animal até elas)

Crianças têm uma afinidade natural pelos animais. Em vez de levá-las a uma fazendinha – um passeio que ensina que a experiência delas vale mais que o cativeiro do animal –, ofereça à garotada a oportunidade de ver os bichinhos em ambientes que honrem sua natureza. Atualmente, os santuários para animais de criação têm capacidade reduzida para salvar animais confinados pela agropecuária. No entanto, graças aos esforços desses projetos, o público conhece vacas, cabras, porcos, perus e galinhas e ainda aprende por que o resgate desses animais das fazendas é tão importante. O *site* www.vegan.com/farm-sanctuaries (em inglês) traz uma lista de santuários de proteção animal que podem ser visitados nos Estados Unidos.*

Além dos santuários de animais de criação agropecuária, existem também locais que recebem animais silvestres. Para quem não pode visitar esses lugares pessoalmente, é possível ter a experiência em casa. No *site* www.wildanimalsanctuary.org (em inglês), do Santuário Wild Animal (localizado no Colorado, Estados Unidos), você pode ver os leões e os ursos por vídeos. Outro santuário que oferece visitas virtuais é o Elephant Sanctuary (Tennessee), no *site* www.elephantsanctuary.org.

Cookies com gotas de chocolate
Rende 18 cookies

Não tem coisa melhor que cookie para o lanche da garotada. Estes são uma ótima pedida para levar em passeios. O segredo para um bom cookie de gotas de chocolate é deixar a massa descansar por uma noite antes de assar. Asse no dia seguinte e leve para o passeio ao santuário.

---

* No Brasil, há santuários em Mato Grosso, na Chapada dos Guimarães (www.elefantesbrasil.org.br); em São Paulo, na cidade de São Roque (www.santuarioterradosbichos.org.br); em Teresópolis, no estado do Rio de Janeiro (www.santuariodasfadas.org), entre outros. (N. E.)

2 xícaras de farinha de trigo
1 colher (chá) de fermento químico em pó
¾ de colher (chá) de bicarbonato de sódio
½ colher (chá) de sal
1¼ de xícara de gotas de chocolate vegano
½ xícara de açúcar orgânico
½ xícara de açúcar mascavo claro ou escuro (aperte-o na
   xícara medidora)
½ xícara + 1 colher (sopa) de óleo de canola ou de semente
   de uva (ou outro óleo neutro)
¼ de xícara + 1 colher (sopa) de água
sal marinho grosso para finalizar

- Em uma tigela grande, misture a farinha de trigo, o
  fermento, o bicarbonato de sódio e o sal. Acrescente as
  gotas de chocolate a essa mistura, mexendo para cobri-
  -las de farinha.
- Em outra tigela grande, bata os açúcares com o óleo e
  a água, até os ingredientes ficarem lisos e homogêneos,
  processo que leva aproximadamente 2 minutos.
- Acrescente os ingredientes secos à mistura de óleo e
  açúcar. Com o auxílio de uma colher de pau ou espátula
  de silicone, mexa tudo apenas até ficar homogêneo, sem
  mais nenhum sinal de farinha. Não mexa a massa mais
  que o necessário.
- Cubra a massa com filme de PVC e leve à geladeira por,
  no mínimo, 12 horas, mas não deixe ultrapassar
  24 horas. Não pule esta etapa da receita.
- Preaqueça o forno a 180 °C. Forre duas assadeiras
  rasas com papel-manteiga. Retire a massa da geladeira,
  e, com o auxílio de uma colher comum ou de servir
  sorvete, forme porções de massa com 5 cm de diâmetro.
  Recomendamos levá-la ao congelador por 10 minutos
  antes de assar – assim os cookies mantêm o formato.

- Polvilhe com sal marinho grosso as bolinhas de massa (depois de retirá-las do congelador, caso tenha seguido essa etapa) e leve para assar de 12 a 13 minutos, ou até os cookies ficarem com a borda douradinha. Não deixe que assem demais.
- Deixe os cookies esfriarem completamente antes de servi-los.

Ação diária 21
Escolha uma atividade para se aproximar de animais necessitados

Existem muitas formas de ajudar os animais necessitados, inclusive com atividades para quem tem pouco tempo.

- Participe de vigílias em matadouros ou de protestos contra circos.
- Arrecade alimentos e cobertores para doar a abrigos de resgate e reabilitação de animais.
- Inscreva-se em grupos que arrecadam alimentos para gatinhos ariscos abandonados.
- Tenha um comedouro para aves.
- Nos dias quentes, deixe potes de água gelada para os animais. Nos dias frios troque por água morninha.

Biscoitos caninos de amendoim
O rendimento vai depender do tamanho dos cortadores.

Graças à iniciativa do Worldwide Vegan Bake Sale, entre 15 a 30 de abril, pessoas do mundo todo preparam delícias veganas com o objetivo de vender e arrecadar dinheiro para ajudar nas suas causas preferidas.* Desde 2009, mais de 360 mil dólares já foram arrecadados para ajudar organizações sem fins lucrativos. E todos podem participar, em qualquer época do ano! Escolha um evento, decida o que pretende vender e escolha a instituição ou projeto que deseja ajudar com o valor arrecadado. Muitos participantes fazem doações para abrigos de animais de suas regiões. Uma forma divertida de contribuir é vendendo biscoitinhos veganos próprios para cachorros.

2 xícaras de farinha de trigo integral
½ xícara de fubá
½ xícara de aveia
½ xícara de óleo
3 colheres (sopa) de pasta de amendoim
2 colheres (chá) de extrato de baunilha
1½ xícara de água

- Preaqueça o forno a 200 ºC.
- Em uma tigela grande, misture a farinha de trigo, o fubá e a aveia. Acrescente o óleo, a pasta de amendoim, a baunilha e a água. Sove os ingredientes até formar uma massa lisa, acrescentando mais água se for necessário.
- Em uma superfície levemente polvilhada com farinha de trigo, abra a massa. Corte-a com cortadores e leve para assar em uma assadeira untada por 20 minutos.

---

* No Brasil, iniciativas semelhantes são organizadas pela Sociedade Vegetariana Brasileira (www.svb.org.br).

Barrinhas de sementes para passarinhos
Rende 24 barrinhas pequenas

Em geral, barrinhas de sementes para aves levam em sua composição banha, um subproduto da agropecuária. Você pode usar forminhas de gelo para moldar as barrinhas. Além de fáceis, são uma boa pedida para as crianças participarem. E são boas para dar de presente!

1½ xícara de gordura vegetal hidrogenada ou óleo de coco
¾ de xícara de pasta de oleaginosa (qualquer tipo)
3½ xícaras de alpiste
1 xícara de aveia em flocos
½ xícara de fubá

- Derreta a gordura e a pasta em uma panela em fogo brando.
- Em uma tigela, misture o alpiste com a aveia e o fubá.
- Despeje os ingredientes líquidos por cima dos secos e misture. Transfira a mistura para forminhas de gelo e leve ao congelador por 2 horas. Coloque os cubinhos em comedouros para alimentar os passarinhos.

CAPÍTULO 7

A ALIMENTAÇÃO IDEAL PARA O AGORA

Dieta antiestresse e antidepressão

"Tem como se indignar sem enlouquecer?" Essa foi a pergunta que a advogada feminista Mirah Curzer fez em um *blog* logo depois das eleições americanas de 2016.[1] Mas essa também é uma pergunta que veganos se fazem há muitas décadas. Síndrome de *burnout*, depressão, fadiga por compaixão e sobrecarga de informações são questões conhecidas pelos ativistas. O veganismo é uma reação ao que se sabe sobre a vida dos animais explorados na agropecuária, na pesquisa e no entretenimento. O volume de seu sofrimento é simplesmente acachapante. Dá para continuar concentrado e obstinado na causa sem sair sobrecarregado nem estressado? Como se evita o *burnout*? Como se manter a par dos acontecimentos sem se deixar abater por notícias tão deprimentes?

Uma forma de evitar esses dissabores é, de tempos em tempos, deixar de acompanhar o noticiário. Não precisamos saber de cada maldade contra animais para combater esses atos. E essa medida vale também para o noticiário político.

178 COZINHA DE PROTESTO

Desabilite as notificações constantes dos serviços de notícias – leia-as uma vez ao dia. Uma boa medida é tentar se concentrar em um ou dois assuntos e optar por se informar menos sobre as demais questões. Pelos jornais impressos é mais fácil filtrar o conteúdo que você quer acompanhar do que nos telejornais, que trazem uma enxurrada de informações e discussões que podem não ser do seu interesse. Outra opção é se desligar completamente do noticiário durante alguns dias na semana.

No entanto, esse é apenas o primeiro passo. É também essencial para você, que faz parte da resistência, focar em seu autocuidado. Na verdade, isso é essencial para todos que levam uma vida corrida e atribulada. Dormir bem, praticar exercícios físicos reenergizantes, como ioga e caminhada, adotar atividades como meditação, oração ou escrita de diário e conversar com um amigo ou profissional especializado em saúde mental podem aliviar o estresse.[2] E o tempo usado nessas atividades é um tempo bem investido – o autocuidado é essencial para que você possa exercer suas demais atividades com eficiência.

> A alimentação pode ter impacto direto sobre a depressão e a ansiedade.

Uma boa alimentação é crucial na rotina de autocuidado. Sim, comer uma besteirinha de vez em quando traz uma sensação imediata de conforto, tão necessário. No entanto, viver de *junk food* causa letargia e cansaço. Há cada vez mais indicações de que a alimentação pode ter impacto direto sobre a depressão e a ansiedade. Pesquisadores da área de nutrição já descobriram: povos que seguem uma dieta tradicionalmente com mais vegetais – por exemplo as dietas mediterrânea e japonesa – têm menor risco de depressão. E quem segue uma alimentação vegetariana também tem menor risco. As pesquisas sinalizam os efeitos protetores dos alimentos vegetais

– frutas, hortaliças, leguminosas, oleaginosas e sementes, gorduras saudáveis, chá, vinho tinto e alimentos ricos em fibras – protagonistas dessas culturas alimentares.

Dieta e inflamação

O estresse e a depressão estão ligados à inflamação sistêmica.[3] Ao contrário da vermelhidão e do inchaço que observamos, por exemplo, em um tornozelo inflamado, não há como ver esse tipo de inflamação. Acredita-se que ela tenha relação com doenças cardiovasculares, diabetes, câncer e mal de Alzheimer.

No entanto, aparentemente sua relação com quadros de depressão, estresse e ansiedade é uma via de mão dupla. Depressão e ansiedade crônicas podem elevar os níveis de inflamação, o que talvez explique por que a depressão eleva o risco de diabetes e doenças cardiovasculares. Mas a inflamação sistêmica pode ser uma das causas por trás da depressão ou, pelo menos, pode agravar o quadro depressivo.[4] Vários hábitos que ajudam a aliviar os sintomas de depressão e ansiedade, como meditação e exercícios, também ajudam a reduzir níveis de inflamação.

Essas constatações nos levam a crer que uma dieta que reduza a inflamação poderia também abrandar alguns tipos de depressão. E há indícios sinalizando que isso, de fato, ocorre.

Alimentos vegetais e antioxidantes

Quando as células do corpo queimam glicose para obter energia, produzem moléculas nocivas com oxigênio, os chamados radicais livres. Eles atacam células e dificultam seu funcionamento, provocando uma reação em cadeia que leva ao chamado estresse oxidativo. Esse quadro, por sua vez, promove inflamação.

Os radicais livres são consequência do metabolismo normal, ou seja, não há como impedir sua produção. No entanto, é possível intervir no estrago que causam às células do organismo. Os alimentos de origem vegetal são especialmente ricos em substâncias antioxidantes que neutralizam os radicais livres. Por exemplo, o betacaroteno, que dá a cor amarela à cenoura e à abóbora, é um antioxidante potente. E como no organismo ele se transforma em vitamina A, faz bem em dobro à saúde – como vitamina A e como antioxidante. No entanto, a vitamina A dos alimentos de origem animal não apresenta nenhuma atividade antioxidante.

> Ao substituir carnes, ovos e laticínios por alimentos vegetais, é quase certo que a ingestão de antioxidantes vai aumentar, o que pode ter um impacto real nos riscos de depressão.

Hortaliças e frutas de cor viva – verduras, repolho roxo, abóbora e frutas vermelhas – são especialmente ricas em antioxidantes, mas todos os alimentos vegetais integrais, como oleaginosas, sementes, grãos integrais e leguminosas também contêm essas substâncias. Ao substituir carnes, ovos e laticínios por alimentos vegetais, é quase certo que a ingestão de antioxidantes vai aumentar, o que pode ter um impacto real nos riscos de depressão.

Carboidratos, gorduras e inflamação

O tipo de gordura que ingerimos pode impactar os níveis de inflamação do organismo. As carnes vermelhas, em particular, são fontes de um tipo de gordura chamado ácido araquidônico, que produz substâncias inflamatórias.[5] Tecnicamente, as gorduras encontradas na maioria dos óleos vegetais podem ser convertidas para esse tipo de ácido, mas as taxas presentes na corrente sanguínea estão mais relacionadas à quantidade de carne consumida, e não à quantidade de gordura vegetal ingerida.

Uma gordura vegetal que pode ser especialmente valiosa para a saúde é o azeite de oliva. Nas versões extra virgem de boa qualidade, a substância que provoca a sensação picante no fundo da garganta se chama oleocantal, um fitoquímico capaz de reduzir inflamações.[6]

Os carboidratos também podem afetar processos inflamatórios. Eles entram na corrente sanguínea na forma de glicose, que nada mais é que açúcar. Ela é uma fonte importante de energia para o cérebro e para o sistema nervoso, sendo fundamental para o organismo. No entanto, em excesso, provoca estresse oxidativo e inflamação.[7] Para evitar picos de glicose, não basta evitar todos os carboidratos, mas dar preferência aos de digestão lenta. Alimentos vegetais minimamente processados e ricos em fibras liberam glicose mais gradualmente, produzindo uma elevação vagarosa e suave no sangue. Enquanto o consumo excessivo de carboidratos refinados aumenta o risco de depressão, a ingestão de alimentos vegetais integrais e ricos em fibras reduz essa tendência.[8]

Todos esses fatores – alimentação rica em frutas e hortaliças, com boas fontes de gordura vegetal e de carboidratos de absorção lenta, sem carne – podem reduzir os níveis de inflamação do organismo.

Conexão serotonina

A serotonina é um neurotransmissor, uma substância que carrega sinais entre nervos. Uma elevação dos níveis de serotonina pode melhorar o humor, mas sua queda pode estar relacionada à depressão. Os medicamentos mais comuns para tratamento dessa doença ajudam a manter os níveis de serotonina estáveis.

Há debates sobre até onde esses medicamentos podem melhorar a saúde mental, assim como se discute a relação entre serotonina e depressão. Mas enquanto aguardamos o avanço nas pesquisas, podemos adotar mudanças simples na alimentação para garantir que o organismo produza serotonina.

Esse neurotransmissor é formado pelo aminoácido triptofano. Não é à toa que leite de vaca morno, rico nessa substância e considerado por muitos como uma bebida relaxante, é tão usado na hora de dormir. Só que o triptofano não é o único a colaborar nessa equação. Ele só consegue entrar no cérebro acompanhado de carboidratos. Alimentos ricos em carboidratos também oferecem uma boa quantidade de triptofano, sendo a melhor opção para manter a produção de serotonina. A lista desses alimentos inclui leguminosas, aveia e batata, ou seja, troque o copo de leite por um mingau de aveia antes de dormir.

Elevar os níveis de serotonina no organismo é uma das estratégias para o controle de estresse, ansiedade e depressão. Outra é desacelerar a taxa de desintegração desse neurotransmissor. A quercetina, presente em alimentos vegetais, tem a capacidade de inibir a enzima que desintegra a serotonina.[9] Os alimentos mais ricos nessa substância são as frutas cítricas, maçã, cebola, salsinha, chá, vinho tinto, azeite de oliva, uva, cereja, mirtilo e amora. Em uma pesquisa sobre os benefícios dos vegetais na dieta antidepressão, jovens adultos afirmaram se sentir mais felizes nos dias em que comiam grande quantidade de frutas e hortaliças.[10]

Atualmente, não se sabe a extensão dos efeitos protetores do consumo de leguminosas e frutas vermelhas nos níveis de serotonina. No entanto, não restam dúvidas de que são, sim, alimentos benéficos para a saúde. E se ajudam a proteger o humor, melhor ainda.

Tofu e depressão

Vários estudos mostram que a terapia com estrogênio pode aliviar os sintomas de depressão de mulheres no pós-menopausa.[11] Esses resultados levaram a questionamentos quanto a algumas substâncias encontradas na soja, as chamadas isoflavonas.

As isoflavonas de soja, das quais falamos nos capítulos 2 e 4, são fitoestrogênios. Embora parecidas com o hormônio feminino, não são bem a mesma coisa. No entanto, justamente por causa dessa semelhança é que faz sentido se perguntar se podem ter efeitos benéficos contra a depressão.[12] Tudo indica que a resposta é sim. Em um estudo, um grupo de mulheres que consumiu suplementos de isoflavona por dez semanas relatou melhora no humor, resultado semelhante ao de mulheres que tomaram antidepressivos.[13] E mais: a medicação antidepressiva associada a isoflavonas trouxe resultados ainda melhores. Pesquisas conduzidas na Itália e no Japão revelaram benefícios semelhantes: no estudo japonês, constatou-se que a dose diária de isoflavonas – aproximadamente a mesma quantidade encontrada em uma xícara de leite de soja ou meia xícara de tofu – já era suficiente para ter efeito.[14]

Não se sabe se a soja traz os mesmos benefícios para os homens – essa relação ainda não foi testada, contudo, mais uma vez, vale a pena tentar, principalmente considerando que a soja reduz o risco de câncer de próstata.[15]

Suplementos para alívio da tristeza

Três nutrientes – vitamina B12, vitamina D e gorduras ômega-3 – podem estar relacionados à depressão.[16]

Quem não sai muito de casa durante o dia ou (acertadamente) usa protetor solar pode não produzir vitamina D suficiente. Nesse caso, o uso de suplementos pode ajudar a afastar a depressão, já que pacientes com baixas taxas de vitamina D têm maior probabilidade de sofrer desse problema.

Um quadro de hipovitaminose de vitamina B12 pode levar a problemas neurológicos, inclusive depressão. Como a vitamina B12 não é produzida naturalmente nos vegetais, cortar alimentos de origem animal da dieta pode levar a um quadro de deficiência desse nutriente. Além disso, recomenda-se que todas as pessoas acima de 50 anos – quer comam carne ou não – façam suplementação de vitamina B12.

Por fim, o consumo de gorduras ômega-3 – DHA e EPA – pode reduzir sintomas de depressão. Essas gorduras são encontradas em algumas espécies de peixe de águas frias e em suplementos de óleo de peixe, assim como em suplementos veganos à base de algas. (No próximo capítulo falaremos mais sobre vitamina B12, vitamina D e gorduras ômega-3, e o que você pode fazer para garantir a ingestão correta desses nutrientes.)

A dieta do bom humor funciona mesmo?

À medida que analisamos as repercussões da alimentação no nosso humor, começamos a ter uma noção clara do que se deve comer para protegê-lo. Para reduzir estresse e depressão:

- Consumir muitas frutas e hortaliças, principalmente as de cor viva; inclua sempre de uma a duas porções de alimentos ricos em quercetina, fitoquímico que pode interferir na degradação da serotonina. São boas fontes desse nutriente: laranja, toranja, maçã, cebola, uva e frutas vermelhas.
- Substitua gordura animal por azeite de oliva extra virgem de boa qualidade.
- Coma leguminosas e batata – elas são boas fontes do aminoácido triptofano, além de carboidratos, necessários para produzir serotonina e ajudá-la a entrar no cérebro.
- Todos os dias, coma uma ou duas porções de soja.
- Proteja a saúde do cérebro com suplementos: vitamina D, vitamina B12 e gorduras ômega-3 derivadas de algas.

Temperar salada com azeite, tomar suplementos e saborear pratos de tofu não bastam para neutralizar os estresses da vida ou curar a depressão de todos. A saúde mental é muito mais complexa que apenas isso. É preciso praticar exercícios, dormir bem e ter vida social para que haja um equilíbrio. E algumas pessoas precisam de medicação e/ou terapia com profissionais. No entanto, a terapêutica alimentar para a saúde mental consiste em mudanças fáceis e benéficas – o que, aliás, todo mundo deveria fazer. E as pesquisas sinalizam que essas medidas podem ajudar de verdade.[17]

Alimentação natural, mudanças climáticas e a saúde

Há indícios de que a poluição do ar esteja associada à depressão ou a distúrbios do humor, principalmente por contribuir para provocar estresse oxidativo.[18] No entanto, a natureza oferece substâncias que podem nos ajudar no alívio da depressão e do estresse. Segundo pesquisadores japoneses, ingerimos essas substâncias naturais benéficas – em forma de óleos essenciais derivados de bactérias e vegetais – quando respiramos ar puro, sem poluição.[19]

A Organização Mundial da Saúde concorda. Em seu relatório "Conectando prioridades globais – Biodiversidade e Saúde humana"*, a organização afirma que as mudanças climáticas afetam a biodiversidade do planeta de formas que impactam a saúde humana, inclusive a mental.[20] Já debatemos no capítulo 2 que uma alimentação natural, com mais vegetais substituindo os de origem animal, é um caminho para reduzir o aquecimento global e proteger a diversidade. Essa é mais uma maneira de suas escolhas alimentares poderem aliviar a depressão.

Em paz com a consciência

"Agora posso finalmente admirá-los em paz; vocês não são mais comida para mim." Quem disse isso foi o escritor do início do século XX Franz Kafka, enquanto observava um aquário, algum tempo depois de ter adotado uma alimentação vegetariana.

Muitas pessoas, quando param de comer e usar animais, relatam sentir uma enorme sensação de alívio na consciência. Adotar a alimentação vegana é uma forma de alinhar suas escolhas e suas ações com as mesmas crenças que permeiam o compromisso de resistir à política do retrocesso: generosidade, compaixão e engajamento com justiça e equidade. Agir de

---

* Disponível em https://www.biodiversidade.ciss.fiocruz.br/sites/www.biodiversidade.ciss.fiocruz.br/files/SumarioExecutivo_Portugues.pdf (N. E.)

Veganos dão dicas para a vida real

Fomos às redes sociais pedir a veganos que nos contassem dicas do que fazem para continuar felizes, equilibrados e firmes na luta contra a política do retrocesso. As respostas foram descontraídas, às vezes engraçadas, inspiradoras e esperançosas.

Veja algumas:

- *Rir. Rir de tudo que for possível. E amar aqueles que nos cercam.*
- *Fazer caminhadas, preparar a comida e limpar a casa.*
- *Produzir arte.*
- *Ler romances policiais.*
- *Amar mais, tentar aprender o máximo possível e dedicar cada minuto ao trabalho de mudar a situação para nós, animais. Também procuro me lembrar de que o pêndulo não pende apenas para um lado.*
- *Aprender a tocar* ukulele.
- *Tentar focar nas boas ações, encontrar pessoas que pensam parecido, ler, se aproximar da natureza, desligar do mundo.*
- *Resgatar gatinhos abandonados.*
- *Ficar bem agarradinha aos meus cachorros, tricotar e ler livros sobre meditação.*
- *Aderir ao presbiterianismo.*
- *Fazer trilhas, observação de pássaros, doações e interpretação teatral.*
- *Todos os dias tentar realizar um ato de gentileza por alguém.*
- *Ser voluntário de instituições que distribuem comida aos necessitados.*
- *Reparar nos céus, nas árvores, nas montanhas e em outros elementos da natureza.*
- *Estudar história para melhor compreender o que estamos enfrentando.*
- *Ler poesia.*
- *Praticar exercícios.*

Resistência bem equilibrada

acordo com seus valores e suas crenças alivia a dissonância cognitiva, situação que pode piorar quadros de estresse e depressão. O consenso sobre a importância de agir segundo as crenças vem de estudos sobre a morte e o morrer. É comum que pessoas no leito de morte, ao responderem sobre seus maiores arrependimentos em vida, dizerem que gostariam de ter tido coragem de viver de forma mais honesta consigo mesmas.

É extraordinário observar como uma simples decisão – trocar alimentos de origem animal por aqueles à base de vegetais – traz impacto ao bem-estar mental. Os alimentos de origem vegetal que você come podem ter influência direta no seu humor. Ao escolhê-los, você também está colaborando para um ambiente global que pode ser melhor para a saúde mental. E é interessante perceber como uma mudança na alimentação permite alinhar hábitos a valores, o que por si só já traz uma sensação de paz. Independentemente do enfoque da análise, a dieta vegana traz resultados extraordinários para o bem-estar.

> Agir de acordo com seus valores e suas crenças alivia a dissonância cognitiva, situação que pode piorar quadros de estresse e depressão.

Autocuidado na resistência ao estresse e à depressão

Aqueles de nós que estão dispostos a encarar a difícil tarefa de desafiar a misoginia, a intolerância, a destruição ambiental, as maldades contra os animais e a intimidação violenta estão nisso há muito tempo. O trabalho em prol da justiça e da resistência é difícil e quase sempre parece avançar de forma muito lenta. Se o objetivo é o sucesso da nossa empreitada, precisamos ser fortes e resilientes e, para isso acontecer, é preciso também autocuidado.

Arranje um tempo para se religar a tudo que enriqueça sua vida – leitura, passatempos, estar com os amigos e a família. Faça o que for necessário para se livrar do estresse e da ansiedade. Além de arrumar tempo para o que você gosta e parar de acompanhar notícias de que não gosta, experimente também métodos testados e aprovados para aliviar a ansiedade e o estresse. Meditação e exercícios de respiração, oração, escrita de diário e caminhadas ao ar livre são maneiras simples e eficazes de controlar o estresse. Você não precisa seguir todos: encontre os métodos que funcionam melhor para você e adote como hábito.

E quando não dá para fazer tudo?

Nós, da resistência, queremos fazer tudo o que podemos para virar o jogo: vamos a protestos, cobramos dos representantes no Legislativo, arrecadamos dinheiro para instituições, atuamos em grupos locais e nacionais para promover mudanças em nossas comunidades e além. E aqui, neste livro, convocamos os agentes de mudança a reconhecerem que mudar a alimentação tem um impacto importante por um mundo mais justo. Fato é que não temos como dar conta de tudo, mas, mesmo com essa consciência, bate uma culpa por não estar fazendo o bastante.

Um dos melhores aspectos da alimentação vegana é que, com ela, pelo menos três vezes ao dia você está realizando algo pela resistência e por um mundo melhor, mais justo e bondoso para com os animais, o planeta e as pessoas. Se em um dia você está atolado de tarefas, trabalho e obrigações familiares e não tem tempo para mais nada, saiba que trocar o sanduíche de atum pelo de homus já é o suficiente. Usar leite de amêndoa em vez do de vaca, também. Comprar hambúrguer vegetariano em vez de carne moída, idem.

Ao reconhecer o impacto dessas escolhas e o quanto já realiza, você abre espaço para coisas que alimentam a alma e trazem equilíbrio à vida. Estar com pessoas queridas, ter a oportunidade de criar algo ou simplesmente não fazer nada é, para a maioria das pessoas, essencial para alimentar os recursos mentais, como uma dieta nutritiva que alimenta o corpo. E você precisa fazer isso para seguir forte na resistência.

> Adotar a alimentação vegana é uma forma de alinhar suas escolhas e suas ações com as mesmas crenças que permeiam o compromisso de resistir à política do retrocesso.

Ação diária 22
Selecione o seu cardápio de notícias

Se você é viciado em notícia, faça um teste: veja se uma menor quantidade de notícias lhe trará mais felicidade. Desligue a TV e desative os alertas da *internet*. Baixe programas que interrompam a conexão de *internet* por períodos programados por você. Nas redes sociais, deixe de seguir ou silencie amigos que compartilham notícias falsas ou informações inúteis e improdutivas. Limite o seu acesso a informações úteis e menos estressantes.

Com isso não estamos dizendo que você deva se desligar completamente de tudo. Mais uma vez, aí está uma lição que aprendemos com os veganos: os ativistas dos direitos animais querem se manter informados, pois assim é possível ajustar as escolhas de consumo e também defender os animais. E dá para fazer isso sem se submeter às terríveis fotos de animais maltratados que grassam nas redes sociais. Seguimos ativistas e instituições de confiança em busca de informações úteis e corretas – mesmo sabendo que elas podem ser desgastantes –, mas silenciamos as fontes incessantes de notícias ruins envolvendo animais. Você pode fazer o mesmo em relação ao noticiário político: selecione fontes confiáveis de notícias e acesse-as uma a duas vezes por dia para se informar.

Ação diária 23
Faça uma trilha

Todos sabemos da importância de movimentar o corpo. É comprovado que a prática de exercícios ajuda no bom humor; inclusive, os resultados são ainda melhores quando o movimento é ao ar livre: uma caminhada na praia, na serra, em parques ou até mesmo no quintal são maneiras de criar uma sensação de bem-estar. Os japoneses têm uma palavra para isso, *"shinrin-yoku"*, que, grosso modo, se traduz como "banho de floresta". Quem sabe esse efeito vem do estar afastado das pressões normais, do estresse do trabalho e de casa? Quem sabe não são as bactérias do bem que árvores e capim cortado exalam no ar? Outra medida que também pode ser benéfica é a de se afastar de áreas urbanas e da poluição. Mesmo alguns minutos ao ar livre podem ajudar a melhorar o humor.

Ação diária 24
Troque a manteiga por azeite de oliva extra virgem

Com esta simples mudança, você estará reduzindo a ingestão de gorduras saturadas (pelo menos um pouco) e contribuindo com um passo pequeno, porém significativo, para evitar alimentos de origem animal. O azeite de oliva extra virgem de boa qualidade está no cerne da culinária mediterrânea, possivelmente contribuindo para os efeitos salutares e certamente para o sucesso dos pratos nesse estilo. O consumo de azeite de oliva está associado a riscos reduzidos de doenças cardiovasculares e possivelmente de alguns tipos de câncer.

O segredo, nesse caso, está no azeite de oliva extra virgem "de boa qualidade": ao comprá-lo, verifique no rótulo se é extra virgem e também a data de colheita (não confundir com data de validade). O azeite de oliva não é um produto que melhora com o passar do tempo, então procure comprar apenas aqueles de colheita de, no máximo, um ano. O frasco, idealmente de vidro escuro, deve ficar guardado em local escuro e longe de fontes de calor. Uma observação importante: o oleocantal, componente anti-inflamatório do azeite, tem um sabor amargo e picante e deve ser sentido no paladar. Se você tiver a sorte de morar perto de uma loja de azeites que ofereça degustações, aproveite, pois é uma maneira fácil de acertar na escolha do produto. Caso não tenha lojas por perto, pesquise na *internet* as melhores opções disponíveis no mercado.

Você já sabe que o azeite de oliva é a melhor opção para temperar salada e refogar cebola e cogumelo. Veja a seguir algumas maneiras de trocar a manteiga pelo azeite:

- Investir em um bom azeite em spray e usar para passar no pão no lugar da manteiga.
- Aromatizar azeite com ervas desidratadas e servir com pão, à moda mediterrânea.

A ALIMENTAÇÃO IDEAL PARA O AGORA 193

- Em receitas de confeitaria ou panificação que pedem manteiga derretida, trocá-la por azeite, com o cuidado de usar apenas 75% da quantidade pedida do ingrediente original. Por exemplo: se a receita pede 8 colheres (sopa) de manteiga derretida, use 6 colheres (sopa) de azeite. Permita-se surpreender com o sabor complexo e robusto desse ingrediente em sobremesas de chocolate.

Bolo de laranja, amêndoa e azeite
Rende 12 fatias

Este bolo junta sabores mediterrâneos frescos, como laranja, amêndoa e azeite.

⅓ de xícara de azeite de oliva extra virgem, mais um pouco para untar a fôrma
¾ de xícara de farinha de trigo orgânica
½ xícara de farinha de trigo integral orgânica
¾ de xícara de açúcar orgânico (se for muito grosso, passe-o no liquidificador)
1 colher (chá) de bicarbonato de sódio
½ colher (chá) de sal
¼ de colher (chá) de fermento químico em pó
⅓ de xícara + 3 colheres (sopa) de amêndoa torrada moída bem fino ou de farinha de amêndoa
1 xícara de suco de laranja fresco
2 colheres (sopa) de raspas de casca de laranja
1 colher (sopa) de vinagre de maçã
½ colher (chá) de extrato de baunilha puro
½ colher (chá) de extrato de amêndoa puro
2 a 3 colheres (sopa) de amêndoa picada para finalizar

- Preaqueça o forno a 180 °C. Unte uma fôrma redonda de 20 cm de diâmetro e fundo removível com azeite e forre o fundo com papel-manteiga (não precisa untar o papel).
- Em uma tigela, peneire as farinhas, o açúcar, o bicarbonato de sódio, o sal e o fermento. Adicione ⅓ de xícara da amêndoa moída e misture para distribuir os ingredientes.
- Em uma tigela separada, misture o suco de laranja, o azeite, as raspas e os extratos de baunilha e a amêndoa. Acrescente à tigela de ingredientes secos e misture tudo até formar uma massa lisa.
- Deite a massa na fôrma untada. Gire-a para nivelar a quantidade de massa e bata-a de leve na superfície. Leve ao forno para assar de 35 a 40 minutos, ou até a superfície do bolo ficar toda dourada, as bordas desgrudarem da fôrma ou, no teste do palito, ele sair limpo do meio do bolo. Ao esfriar, o bolo ficará mais compacto.
- Coloque-o por cima de uma grade para esfriar. Passe uma faca entre o bolo e a fôrma e deixe esfriar por 5 minutos antes de soltá-lo. Polvilhe com 1 colher (sopa) de amêndoa moída. Coloque a grade por cima do bolo e inverta-o. Retire a fôrma e o papel-manteiga. O fundo da massa deverá estar úmido e de cor clara. Polvilhe com 1 a 2 colheres (sopa) de amêndoa picada e deixe esfriar totalmente.

Tomate seco caseiro

O tomate seco vendido no comércio costuma ser conservado em óleos de baixa qualidade. É fácil fazê-lo em casa – embora demorado –, para isso, reserve uma tarde de domingo. O preparo em si leva apenas 10 minutos, e uma coisa é certa: sua cozinha ficará divinamente perfumada.

20 tomates italianos
2 colheres (sopa) de azeite de oliva extra virgem
2 colheres (sopa) de vinagre balsâmico
1 a 2 colheres (chá) de ervas desidratadas
1 a 2 colheres (chá) de açúcar (a quantidade depende do
grau de doçura dos tomates usados)

- Preaqueça o forno a 120 °C.
- Corte os tomates ao meio, no sentido do comprimento, e arrume-os com a parte cortada virada para cima, em uma assadeira larga e rasa. Polvilhe com os demais ingredientes da receita. Leve-os ao forno para assar até ficarem levemente murchos, mas ainda um pouco suculentos, processo que deve durar aproximadamente 6 horas.

Ação diária 25
Aposte nos "carboidratos lentos"

Para quem sofre de "carbofobia", aí está uma forma saudável de reintegrar os carboidratos à dieta. Já os que amam esses alimentos, esta é a oportunidade de melhorar as escolhas. Há um abismo de diferença entre os carboidratos refinados e os originários de alimentos vegetais integrais.

Os refinados, como açúcares, arroz branco e preparações feitas de farinha refinada, podem provocar elevações na taxa de glicose no sangue, quadro que pode levar a outro quadro: estresse oxidativo e inflamação. Entretanto, os carboidratos de leguminosas, batata-doce e outros grãos não têm esse efeito e, como eles contêm muitas fibras, é interessante incluí-los na dieta.

O segredo é escolher alimentos ricos em carboidratos de digestão lenta – com eles, a elevação da taxa de glicose no sangue é mais lenta e gradual. De uma forma geral, isso se faz cortando os carboidratos refinados e substituindo-os por carboidratos vegetais integrais. No entanto, mesmo no universo dos vegetais, há opções melhores que outras.

Escolha mais estes...	... e menos destes
Grãos integrais	Grãos refinados
Feijão cozido em casa	Feijão cozido em conserva
Pães feitos com cereais integrais, partidos ou germinados	Pães feitos com farinha branca
Batata assada com a casca	Purê de batata
Frutas cruas, in natura	Frutas cozidas, secas ou em conserva
Macarrão, aveia e cevada	Arroz
Alimentos temperados com ingredientes ácidos, como limão-siciliano, vinagre ou tomate	Alimentos temperados com molhos doces

Salada colorida de quinoa
Rende 4 porções (como prato principal)

Rica em proteínas da quinoa e feijão, esta saladinha ganha também o toque crocante e colorido dos legumes crus.

2 xícaras de água
1 xícara de quinoa
½ xícara de cebola roxa sem casca picada em cubinhos
1 pimentão vermelho

1 pimentão verde

1 cenoura

1 pimenta jalapeño fresca ou em conserva, sem sementes e
bem picada

2 xícaras de milho congelado (descongele-o antes de usar)

¼ de xícara de azeite de oliva extra virgem

2 colheres (sopa) de suco de limão-siciliano ou limão-taiti
fresco

sal e pimenta preta moída a gosto

1½ xícara de feijão-vermelho cozido

¼ de xícara de salsinha fresca picada

- Leve a água ao fogo. Quando levantar fervura, adicione
  a quinoa. Reduza a chama, tampe a panela e deixe ferver
  em fogo brando até a água ser absorvida e a quinoa ficar
  macia, processo de aproximadamente 20 minutos.
  (Se tiver uma panela elétrica, pode usá-la para cozinhar
  a quinoa – ative a função "cozinhar arroz branco".)
- Enquanto a quinoa cozinha, pique os pimentões e a
  cenoura grosseiramente. Em uma tigela grande, misture
  os legumes picados com a cebola, a pimenta e o milho.
  Adicione o suco de limão, o azeite, o sal e a pimenta
  preta e mexa bem.
- Acrescente a quinoa e o feijão cozidos e misture bem.
  Finalize com a salsinha. Sirva a salada morna.

Ação diária 26
Prepare uma bebida reconfortante

Parar alguns minutos em silêncio, sorvendo aos poucos uma
bebida quente, pode fazer maravilhas na hora de espantar o
estresse, principalmente para quem está se sentindo ocupado e

sobrecarregado. Às vezes, um chá ou um café já ajudam – ambos são ricos em antioxidantes que combatem o estresse. Mas, se quiser variar, esta receita é uma de nossas preferidas.

Chá de gengibre e limão-siciliano

3 xícaras de água
1 pedaço (5 cm) de gengibre fresco, descascado e cortado em rodelas
¼ de xícara de suco de limão-siciliano fresco
adoçante de sua preferência (opcional)

- Leve a água e o gengibre ao fogo em uma panela até levantar fervura. Retire do fogo.
- Acrescente o suco de limão-siciliano, tampe e deixe por, no mínimo, 20 minutos. Quanto mais tempo os ingredientes ficarem em infusão, mais intenso ficará o sabor de gengibre.
- Reaqueça antes de servir.

Latte de matchá ao aroma de baunilha e lavanda
Rende 1 xícara

O matchá é um chá riquíssimo em antioxidantes e cafeína. Esta receita é de uma bebida que Carol provou em um pequeno café em Humboldt, Califórnia, e ficou apaixonada! Perfumado com xaropes de baunilha e lavanda da Provença, este latte já virou o campeão na preferência na casa de Carol. Se você não encontrar xarope de lavanda à venda, ferva 1 xícara de água e junte 1 xícara de açúcar. Depois que dissolver, desligue o fogo e adicione 3 colheres (sopa) de lavanda, deixando em infusão por 30 minutos. Coe e guarde na geladeira por até 1 mês.

1 colher (chá) de matchá
¼ de xícara de água quente (não use água fervente)
1 xícara de leite vegetal quente, mas não fervente, não
   adoçado (dica: misture tipos de leite diferentes)
1 colher (sopa) de xarope de lavanda
1 colher (sopa) de xarope de baunilha

- Coloque o chá em uma tigelinha. Junte a água quente e misture até o chá se dissolver.
- Coloque o leite quente em uma xícara (ou aqueça-o no micro-ondas).
- Adicione o matchá e os xaropes de lavanda e baunilha ao leite quente. Se tiver um utensílio manual que faça espuma, use-o para misturar bem os ingredientes.

Chocolate quente saudável
Rende 2 xícaras

Esta receita, uma alternativa rápida e gostosa para chocolate quente, foi um oferecimento de Jake Fry, sobrinho da Carol.

½ xícara de castanha-de-caju crua (demolhada por uma
   noite)
2 xícaras de água fervente
2 tâmaras
2 colheres (sopa) de nibs de cacau
1 colher (sopa) de xarope de lavanda (opcional)

Bata todos os ingredientes no liquidificador em velocidade máxima, até formar uma bebida homogênea.

CAPÍTULO 8

ALIMENTANDO A RESISTÊNCIA

Em qualquer pesquisa que se faça sobre veganismo na *internet*, é fácil ser convencido de que esse tipo de alimentação serve para perda de peso – ou uma forma de se "blindar" contra doenças. De fato, adotar uma alimentação natural, com base vegetal, pode, sim, melhorar a saúde. No entanto, o veganismo traz benefícios próprios que vão muito além da saúde. Existem outras dietas para perda de peso e redução das taxas de colesterol, mas elas não proporcionam a chance de realizar as escolhas significativas que já debatemos no livro – escolhas estas que refletem nos relacionamentos com as pessoas, os animais e o planeta.

Até onde você vai nessa decisão é uma questão própria. Toda vez que você substitui um produto animal por um vegetal, há um impacto. Neste capítulo, vamos resumir e ampliar algumas ações diárias que já apresentamos, assim você terá o instrumental para "veganizar" praticamente qualquer receita. Trazemos também dicas para comer fora de casa e fazer uma boa transição alimentar. Mas, antes, saber que suas necessidades nutricionais estão garantidas é fundamental para ter confiança e seguir esse caminho.

Nutrição vegana

Proteínas vegetais

Há proteínas em abundância no reino vegetal. Alguns alimentos, como soja e leguminosas, são riquíssimos nesse nutriente, sem deixar de lado grãos e hortaliças, alguns com respeitáveis aportes proteicos.

A necessidade de proteínas na alimentação humana é, na verdade, de aminoácidos, que servem como tijolinhos formadores das proteínas. Alguns deles, os chamados "essenciais", por não serem produzidos pelo organismo devem ser obtidos da alimentação. Todos os alimentos vegetais – grãos, hortaliças, oleaginosas, sementes e leguminosas – fornecem todos os aminoácidos essenciais. Até as frutas contêm esses nutrientes, embora não em quantidades significativas.

Já houve uma época em que os especialistas em nutrição defendiam que o segredo era a combinação correta de alimentos vegetais – por exemplo, arroz com feijão – para obter os aminoácidos corretos. No entanto, segundo alguns estudos mais recentes, não é bem assim. Na *internet* ainda circulam artigos defendendo combinação e complementação de proteínas, mas são conceitos defasados.

Partindo do pressuposto de que sua alimentação contém calorias suficientes, a única regra a ser seguida na dieta vegana é consumir, no mínimo, duas a três porções de leguminosas por dia. Entram nessa classe de alimentos feijões e lentilha; derivados de soja, como leite, tofu, proteína texturizada e tempeh; e amendoim (*in natura* e em pasta). Se você já está seguindo as ações diárias propostas neste livro, leguminosas e soja já devem estar mais presentes na sua vida. Consumir três porções desses alimentos por dia é simples como passar pasta de amendoim no pão no café da manhã, escolher um sanduíche de homus no almoço e saborear um hambúrguer vegetariano no jantar.

Na tabela a seguir, trazemos o tamanho das porções dos três tipos de leguminosas.

Leguminosas secas	½ xícara de feijão-preto, feijão--carioca, favas, feijão-roxo, grão--de-bico, feijão-branco, feijão--rajado, lentilha e ervilha seca
Soja e derivados	½ xícara de tofu, PTS, tempeh ou edamame, ou 1 xícara de leite de soja, ou ¼ de xícara de snack de soja
Amendoim	¼ de xícara de amendoim sem casca, ou 2 colheres (sopa) de pasta de amendoim, ou ¼ de xícara de farinha de amendoim

Para a saúde dos ossos: cálcio e vitamina D (e proteínas e frutas e hortaliças)

Com subsídios financeiros e publicitários garantidos pela Secretaria de Agricultura dos Estados Unidos, a indústria do leite conseguiu nos convencer de que o leite de vaca é um alimento essencial. De fato, precisamos de cálcio – presente no leite – para ter ossos fortes. No entanto, leite, queijo e iogurte não são as únicas fontes desse nutriente.

Vários alimentos vegetais constituem boas fontes de cálcio, mas na verdade a quantidade do mineral é apenas uma parte dessa equação. Sua absorção também deve ser considerada. Quando analisamos a variação no teor de cálcio em vários alimentos e a ampla variedade das taxas absorvidas, o resultado é impressionante. Felizmente, você não precisa prestar atenção a detalhes como esse. A melhor medida é estabelecer como meta consumir, por dia, duas xícaras – três, se tiver mais de 50 anos – de alimentos com cálcio de boa ingestão, ou seja: leites vegetais e sucos de fruta enriquecidos, tofu feito com sal de cálcio (procure "sulfato de cálcio" ou "cloreto de cálcio alimentício" no rótulo) e folhas verde-escuras cozidas. (Se preferir consumi-las cruas, dobre a quantidade.)

Há outros alimentos com teor moderado de cálcio – incluí-los com regularidade na alimentação ajuda a garantir a ingestão adequada do mineral. Entre essas opções estão leguminosas cozidas, pasta de amêndoa, amêndoa demolhada, snacks de soja, brócolis, couve-manteiga, quiabo, batata-doce, figo, laranja-baía, tortilha de milho e melado de cana.

A saúde dos ossos também depende de outro nutriente, a vitamina D – a "vitamina do sol". Embora o organismo seja capaz de produzi-la quando exposto à luz solar forte, algumas pessoas não conseguem sintetizá-la em quantidade suficiente. Quanto mais longe da linha do Equador, mais difícil fica, façanha impossível nos meses de inverno em várias regiões. Quanto mais escura a pele, mais moroso é esse processo. E, com o avançar da idade, há um declínio na produção de vitamina D para todos.

A realidade é que muita gente precisa de suplementação de cálcio na alimentação, principalmente nos meses de inverno. Alguns peixes são ricos no nutriente, mas não em quantidade suficiente. E apesar de muitos acreditarem que o leite de vaca é fonte de vitamina D, isso só acontece porque o produto é enriquecido. Outros alimentos também passam por esse processo, como cereais matinais e várias marcas de leite vegetal. A maneira mais fácil de garantir a ingestão suficiente de vitamina D é com suplementos artificiais de, no mínimo, 600 UI por dia.

Embora geralmente o cálcio e a vitamina D levem fama de guardiões da saúde dos ossos, outros fatores alimentares e estilos de vida também são importantes nesse aspecto. As proteínas, por exemplo, são fundamentais para ossos saudáveis, ou seja, não se esqueça das leguminosas e dos vegetais ricos em

Nossa relação de amor com as proteínas animais

Por muitos anos, os cientistas especializados em nutrição deram pouco valor às proteínas dos vegetais. Historicamente, a qualidade presente nos alimentos era avaliada apenas considerando testes com camundongos. Só que as necessidades nutricionais desses bichinhos por aminoácidos são diferentes daquelas dos humanos. Recapitulando: os aminoácidos são os tijolinhos que formam as proteínas. Leguminosas, por exemplo, não são as melhores fontes de proteínas para camundongos. Entretanto, graças a técnicas modernas para avaliação das proteínas, pesquisadores conseguiram descobrir que esses alimentos são, na verdade, excelentes fontes proteicas para humanos. Os primeiros estudos, conduzidos com animais, geraram por muito tempo confusão e desinformação a respeito desse assunto.

Em 1971, com o livro Dieta para um pequeno planeta, *Frances Moore Lappé trouxe para o debate os efeitos maléficos da agropecuária na saúde do planeta (ver página 53). Em seu livro, ela também tocou na questão da combinação correta de alimentos para garantir a quantidade necessária de aminoácidos. Naquela época, diante do entendimento corrente sobre a função das proteínas na nutrição, essas recomendações faziam sentido. Na década de 1980, já estava claro que aquele modelo não era necessário, e que obter um aporte proteico a partir de vegetais era bem mais fácil que sugerido por Lappé. Na edição de dez anos dessa obra, a autora corrigiu a informação. No entanto, a história de amor da humanidade com a carne acabou trazendo e cimentando uma série de equívocos sobre as proteínas vegetais.[1]*

proteínas.[2] Embora antigamente os nutricionistas acreditassem que o excesso delas levasse a uma desmineralização dos ossos, pesquisas mais recentes demonstram que esses nutrientes promovem a saúde óssea.[3]

Substâncias presentes nas frutas e hortaliças também são benéficas para a saúde óssea, e quem consome esses alimentos em boa quantidade costuma ter ossos fortes. A prática de exercícios também é essencial para o fortalecimento do osso.[4]

Gorduras do bem

Algumas das dietas mais saudáveis do mundo, como as tradicionalmente seguidas em países do Mediterrâneo, são ricas em gorduras vegetais. As provenientes de oleaginosas, sementes, abacate e azeitona – assim como os óleos obtidos desses ingredientes – fazem bem à saúde. Embora óleos devam ser usados com parcimônia, uma colherzinha ou duas fazem uma enorme diferença no sabor e aumentam a absorção de nutrientes e outras substâncias benéficas.

É importante incluir na dieta alimentos com ácidos graxos essenciais de ômega-3. E, para garantir a ingestão diária correta desses nutrientes, inclua todos os dias uma porção pequena – algo como 1 colher (sopa) – de farinha de linhaça, nozes picadas ou chia, ou então 1 colher (sopa) de óleo de nozes ou canola ou 2 colheres (chá) de óleo de linhaça ou cânhamo.

Embora a gordura de ômega-3 da linhaça, das nozes e do óleo de canola seja absolutamente essencial ao organismo, existe outra classe de gorduras ômega-3 que não é considerada essencial: são as gorduras encontradas em peixes gordurosos e suplementos de óleo de peixe. No capítulo 7 falamos rapidamente dessas gorduras – DHA e EPA – porque elas são úteis no controle de alguns tipos de depressão e na redução de riscos para outras doenças crônicas.

A comunidade científica ainda não concluiu se existem benefícios na ingestão desses suplementos. Se você decidir tomá-los, escolha os veganos, retirados de algas, que são uma opção que beneficia os animais e o meio ambiente, e não os de peixes.

> Toda vez que você substitui um produto animal por um vegetal, há um impacto.

Vitamina B12

Você já deve ter ouvido falar da preocupação em torno da vitamina B12 na dieta vegana. De fato, essa preocupação existe, mas não apenas para veganos. As únicas fontes naturais desse nutriente são de origem animal – vegetais não produzem vitamina B12. Ao contrário da crença popular, não é possível obter a vitamina B12 de alimentos fermentados, algas marinhas e legumes orgânicos. Mas como até os consumidores de carne vêm sendo aconselhados a reduzir seu consumo e preferir alimentos vegetais, qualquer pessoa que esteja tentando ter uma alimentação mais saudável pode acabar ingerindo menos B12 que deveria. Além disso, com o avanço da idade, aumenta a dificuldade de absorver a vitamina B12 natural dos alimentos. A mais fácil de ser ingerida é a dos suplementos e alimentos fortificados. A recomendação dos médicos é que a população acima de 50 anos – e isso independe se comem muita, pouca ou nenhuma carne – tome suplementos de B12 ou incluam na dieta alimentos enriquecidos com ela. Assim, se você é vegano, se procura ampliar seu veganismo, se está tentando ter uma dieta mais saudável, precisa dar mais atenção à vitamina B12.

As consequências de sua deficiência podem ser graves, mas a boa notícia é que acertar a dose é muito fácil.

O organismo humano segue processos complexos para controlar a absorção de vitamina B12: quanto menor a ingestão do nutriente, mais você precisa dele. É por isso que as dosagens recomendadas de suplementos podem parecer estranhas, mas do ponto de vista biológico fazem sentido.

Para garantir a ingestão correta de vitamina B12, siga estas dicas:

- Tomar suplemento diário entre 25 a 100 microgramas de vitamina B12 (do tipo cianocobalamina).
- Tomar um suplemento de 1.000 microgramas duas vezes por semana.
- Todo dia, comer de duas a três porções de alimentos enriquecidos de vitamina B12. Muitas marcas de leite vegetal e cereais matinais oferecem versões enriquecidas. Se você usa levedura nutricional com regularidade, compre uma que seja rica em vitamina B12. Verifique nos rótulos dos produtos disponíveis no mercado. Atenção: levedo de cerveja e fermento biológico (de fazer pães) não são fontes de vitamina B12.

Vai uma pitada de sal (iodado)?

Embora o iodo seja um mineral necessário para a saúde metabólica, é difícil medir a quantidade ingerida na alimentação. Isso acontece porque o teor de iodo dos alimentos é variável, pois depende do local de cultivo e da quantidade de iodo no solo. Alimentos cultivados em solos litorâneos têm mais chances de ter uma quantidade maior desse elemento, mas essa não é uma informação fácil de obter na hora de comprar hortifrútis.

Laticínios contêm iodo, mas somente porque o mineral é usado na ração oferecida às vacas e também em soluções para higienização em propriedades leiteiras. O iodo dessas soluções pode vazar para o leite – o que, convenhamos, não é a maneira mais apetitosa de ingerir o nutriente.

O meio mais fácil de acertar na dose de iodo é usando sal iodado. Não precisa exagerar na quantidade: bastam algumas pitadas por dia para garantir a cota. O sal marinho não refinado não contém iodo, então não é uma fonte confiável.

Ferro e zinco

Quando o assunto é ferro, alimentos como fígado e carne vermelha vêm à mente. Mas o fato é que vegetais são riquíssimos em ferro. Uma porção de proteína vegetal, como lentilha ou feijão-preto, oferece o dobro da quantidade de ferro em uma porção de carne vermelha. Veja outros alimentos ricos em ferro: grãos integrais, folhas verde-escuras, algas marinhas, frutas desidratadas, soja e derivados.

Para os veganos, é importante consumir uma fonte de vitamina C junto de vegetais ricos em ferro, já que a vitamina ajuda em sua absorção. E essa é uma medida que nem requer tanto planejamento, e provavelmente você já segue sem saber. Grãos integrais, leguminosas, soja e derivados são boas fontes de ferro; as melhores fontes de vitamina C são pimentão, brócolis, repolho, couve-de-bruxelas, couve-flor, goiaba, mamão, kiwi, laranja, morango, abacaxi, toranja e melão. Por exemplo, em combinações como mingau de aveia com morangos frescos, tofu refogado com brócolis ou pimentão recheado com arroz integral, a absorção do ferro será potencializada pela presença da vitamina C.

Os mesmos alimentos ricos em ferro também fornecem uma boa dose de zinco. Além de grãos integrais, leguminosas, soja e derivados, alimentos que são ricos em zinco são as oleaginosas, pasta de amendoim e sementes, como as de abóbora e girassol. Pães integrais feitos com fermento biológico ou fermentação natural são boas fontes de zinco, já que suas leveduras melhoram a absorção. A maneira mais garantida de acertar na ingestão desse nutriente é optar por grãos integrais no lugar dos refinados (o que, aliás, é sempre a melhor opção), comer fartamente leguminosas, soja e derivados e duas porções de oleaginosas e sementes por dia.

Nutrição vegetal resumida

- *Inclua leguminosas – feijão, soja e derivados e amendoim – na alimentação diária.*
- *Todo dia, consuma pelo menos 2 xícaras de alimentos ricos em cálcio, como leite vegetal e sucos enriquecidos, tofu feito com sulfato de cálcio, folhas verde-escuras cozidas.*
- *Tome suplementos de vitamina D e vitamina B12. Suplementos de gorduras ômega-3 DHA e EPA também são interessantes.*
- *Use sal iodado na comida (sem exagero, bastam algumas pitadas).*
- *Opte por grãos integrais em vez de refinados sempre que possível.*
- *Inclua oleaginosas e sementes na alimentação, principalmente aquelas com gorduras ômega-3, como nozes e linhaça.*
- *Coma muitas frutas e hortaliças, sempre que possível dando preferência para os ricos em vitamina C.*

A dieta do arco-íris

Frutas e hortaliças são também fontes preciosas de antioxidantes e de outras substâncias vegetais que reduzem os riscos de desenvolver doenças crônicas, além de sua enorme quantidade de nutrientes. Para quem já consome muitos alimentos de origem vegetal, as frutas e as hortaliças ainda trazem outros benefícios. Já vimos como a vitamina C desses alimentos ajuda na absorção do ferro. E os vegetais de cor amarela, laranja e verde vivos são fontes de vitamina A para veganos. As melhores fontes são as folhas verde-escuras, como espinafre e taioba, abóboras, cenoura, moranga e batata-doce alaranjada. Melão e mamão também são boas fontes de provitamina A.

Seguindo adiante

A esta altura, você já deve ter encontrado suas marcas preferidas de leite e queijo vegetais. Talvez tenha provado nossa receitinha de sanduíche de jaca desfiada, ou descoberto a delícia que é um hambúrguer vegetariano. Pode ter conseguido fazer bolo sem usar ovos e descoberto opções para introduzir mais leguminosas na sua alimentação.

Se você tem interesse em se aproximar de uma dieta vegana, esse tipo de experimentação é o método comprovadamente mais certeiro. Segundo pesquisas, pessoas que tentam fazer a transição dando um passo de cada vez tendem a conseguir manter as mudanças no longo prazo. E isso vale para todo tipo de mudança comportamental, não apenas a de aderir ao veganismo.

Neste livro, batemos muito na tecla da alimentação, mas o veganismo vai muito além da comida. Hábitos de compra são oportunidades de pôr em prática o compromisso com a justiça, a equidade e a inclusão. Comprar roupas sem peles animais ou matéria-prima produzida em condições sub-humanas é um ato vegano. Ainda não temos a opção de comprar medicamentos não testados em animais, mas podemos comprar cosméticos e produtos de higiene desenvolvidos sem maltratá-los – aliás, esses produtos são hoje facilmente encontrados em lojas e farmácias. Podemos buscar fontes de entretenimento que não exploram animais, como santuários de proteção em vez de zoológicos e aquários, ou frequentar circos de belíssimas apresentações com artistas humanos, sem animais acuados.

Nas próximas dicas de ações diárias, as últimas do livro, trazemos "receitas" de produtos de limpeza caseiros, de baixo custo e sem teste em animais. Há também dicas de como encontrar comida vegana quando você estiver fora de casa e um plano para facilitar seu preparo em sua casa. Por fim, trazemos uma dica extra de ação diária: aprenda a planejar e servir um banquete vegano da resistência – afinal, celebrar em grupo é sempre bom!

> **Hábitos de compra são oportunidades de pôr em prática o compromisso com a justiça, a equidade e a inclusão.**

Ação diária 27
Faça seus produtos de limpeza em casa

Além de rápidos e baratos, são produtos não testados em animais.

Lustra-móveis de limão-siciliano

2 colheres (sopa) de suco de limão-siciliano
2-3 gotas de óleo essencial de limão-siciliano
2-3 gotas de azeite de oliva ou óleo de jojoba

Misture os ingredientes. Para usá-lo, mergulhe um paninho limpo na mistura e use para passar nos móveis de madeira.

Limpador multiúso

1 xícara de água
1 colher (sopa) de detergente líquido (não testado em animais)
10 gotas de óleo de melaleuca

Misture os ingredientes em um frasco grande de spray. Use para limpar superfícies na cozinha e no banheiro.

Ação diária 28
Planeje uma refeição vegana para a próxima viagem ou programinha à noite

Quem mora em grandes cidades ou cidades universitárias provavelmente tem muitas opções veganas fora de casa. Mas, mesmo nesses casos, talvez um dia você tenha uma reunião profissional ou social em uma churrascaria, ou tenha que viajar a algum lugar sem restaurantes veganos. Se você não se contenta em só comer salada e batata frita, está na hora de exercitar a criatividade.

Se o lugar tiver opções de restaurantes, procure os das culinárias da Índia, do Oriente Médio, México, Tailândia, China ou Etiópia. Nesses estabelecimentos quase sempre há opções veganas, reduzindo a necessidade de pedir algo diferente do cardápio (exceto em restaurantes mexicanos, onde tem que pedir para trocar o queijo e sour cream por guacamole).

Algumas redes de *fast-food* já oferecem opções veganas no cardápio. Em lanchonetes, saiba que várias já oferecem hambúrguer vegano. Pesquise na *internet* os estabelecimentos com essas opções.

E se você estiver em um restaurante sem nenhuma opção vegana para o prato principal? Nesse caso, vai ter que montar o seu prato. Comece pedindo um prato mais robusto, como macarrão (massa sem ovos) ou batata assada. Depois, verifique no cardápio os ingredientes que podem ser combinados com a massa. Esses itens podem aparecer como acompanhamentos, mas também podem ser ingredientes de um prato principal. Veja se tem cogumelo grelhado, cebola refogada e legumes de forno. Se o restaurante italiano oferece minestrone, provavelmente tem feijão na despensa. Nas casas de carnes, geralmente há uma grande variedade de saladas. Você pode pedir que misturem esses ingredientes ao macarrão (ou pegue no bufê de salada), conseguindo, assim, uma refeição razoável.

Em viagens de carro, lanchonetes e paradas na beira da estrada são ótimas para tomar café e refresco, mas limitadas em matéria de comida. O ideal é levar uma caixa térmica abastecida de queijinhos veganos, bolachas, mix de castanhas, maçã com pasta de amendoim, sanduíches de frios veganos, picles e mostarda. Para opções quentes, você pode levar sopa na garrafa térmica. Mistura para mingau e leites vegetais em embalagens longa vida funcionam bem como café da manhã no quarto do hotel. Para incrementar o aporte proteico, adicione proteína vegana em pó ou pasta de amendoim.

Biscoitinhos com pastas de castanhas, mix de castanhas e sopinhas instantâneas também são bons lanches para levar em viagens de avião. Por falar nisso, está cada vez mais fácil encontrar comida vegana em aeroportos também. Estabelecimentos de praças de alimentação de shoppings também têm opções veganas, como as que servem comidas mexicanas ou chinesas.

Ação diária 29
"Veganize" cinco receitas

Com alguns truques, é possível transformar quase todas as receitas em versões veganas. O segredo é ficar atento à textura e ao sabor e aproveitar substituições testadas e conhecidas.

No capítulo 4, mostramos como é fácil reproduzir a essência do umami; no capítulo 2, vimos como obter o sabor característico de carnes processadas como bacon e linguiça usando fumaça líquida e páprica defumada.

Para reproduzir a textura cremosa geralmente associada a lácteos, use leite de coco integral batido, tofu mole batido ou castanha-de-caju demolhada processada no liquidificador. Sour cream e cream cheese veganos industrializados também são úteis nessas horas. E, sim, existem excelentes sorvetes veganos disponíveis no mercado.

A textura durinha da carne pode ser reproduzida com tofu congelado, tirinhas de carne de soja e vários substitutos disponíveis no mercado – tem hambúrguer, salsicha, almôndega, tudo vegetal.

Felizmente a maioria dos molhos e temperos é vegana: ketchup, mostarda, picles, salsa mexicana (molho ácido e pedaçudo de vegetais), molho de pepino, molho barbecue, tapenades, vinagre balsâmico, pimentão assado, tomate seco. Esses são ingredientes que agradam veganos e não veganos.

Molhos tradicionalmente à base de ingredientes animais, como molho inglês e maionese, também já podem ser encontrados em versões veganas.

À medida que você se familiarizar com esses alimentos e ingredientes, fica fácil veganizar ou repaginar velhos clássicos. Na tabela a seguir "Como veganizar (quase) tudo", resumimos algumas das dicas e pulos do gato que já mencionamos no livro, trazendo também novas ideias.

Vegano em um piscar de olhos

Como veganizar (quase) tudo

Em vez de usar...	... use um substituto industrializado...	... ou faça o seu!
Leite de vaca	Qualquer tipo de leite vegetal	
Manteiga	Manteiga vegana, óleo de coco	
Queijo	Cream cheese, cheddar, mozarela etc. industrializados	Castanha-de-caju ou macadâmia demolhadas e processadas com azeite, missô, sal e ervas aromáticas
Creme de leite	Chantili vegano, coberturas de sobremesa, sour cream, mistura para café com leite	• Retire a nata do leite de coco integral e bata com um batedor até firmar. • Bata tofu mole no liquidificador ou processador. • Deixe a castanha--de-caju de molho por duas horas e bata no liquidificador com um pouco de água até formar um creme. • ¾ de xícara + 1 colher (sopa) de leite de soja e 3 colheres (sopa) de manteiga vegana derretida ou óleo de coco substituem 1 xícara de creme de leite

Em vez de usar...	... use um substituto industrializado...	... ou faça o seu!
Ovos (ingrediente para bolos etc.)	Substituto vegano em pó para ovo Farinha de soja	Aquafaba Farinha de linhaça
Presunto ou bacon (para uso em sopas e feijão)	Fumaça líquida, páprica defumada, tofu defumando, bacon de tempeh	
Caldo de galinha	Caldo em cubo ou em pó	Caldo de legumes caseiro
Buttermilk (leitelho)		Misture 2 colheres (chá) de vinagre a 1 xícara de leite de soja e espere talhar
Qualquer carne	Substitutos vegetais de frango, nuggets, linguiça, carne bovina (pedaços e moída), bolinhos e iscas de peixe, bacon etc.	Congele o tofu na embalagem (não pode ser o tofu mole) com a água de conserva. Descongele e aperte para retirar o excesso de líquido, mas sem tirar todo o líquido! Esfarele e refogue por alguns minutos. Use para substituir carne moída em várias preparações

Ação diária 30
Elabore um cardápio planejado

Novos hábitos não acontecem do nada: é preciso ter um plano. De nada adianta a determinação de fazer uma comida vegana para o jantar se as únicas coisas que há na geladeira são carne moída, ovo e sobras de macarrão ao queijo. Tenha na despensa feijão em conserva, inclusive do tipo branco, tirinhas de carne de soja, PTS, grãos e massas integrais, cereais matinais veganos e molhos e temperos veganos. Abasteça o freezer com substitutos vegetais de carne e outros ingredientes práticos para preparações rápidas. Tenha castanhas e sementes na geladeira.

Se você gosta de cozinhar, organize um arquivo de receitas. Mas, ao contrário do que se pensa, a maioria das pessoas não tem uma alimentação das mais variadas. Tendemos a comer os mesmos três/quatro alimentos no café da manhã, as mesmas sopas, as mesmas saladas e os mesmos sanduíches, quem sabe oito ou dez pratos diferentes no jantar. Quando você perceber isso, vai ficar fácil planejar suas refeições. Prepare uma lista de dez comidas veganas que acha que gostaria de comer no jantar, quem sabe três ou quatro opções de café da manhã e lanchinhos. Tenha na despensa os ingredientes necessários para preparar essas receitas. É facílimo.

Ação diária extra
Ofereça um banquete vegano da resistência

Fica aqui nosso agradecimento a Nancy, irmã da Carol, por nos dar tantas ideias e receitas para um banquete da resistência. Trazemos aqui duas ideias: uma de frango vegano com laranja; a outra, uma salada de taco ao molho picante. Pedimos ajuda à *chef* vegana Bryanna Clark Grogan, do blog Vegan Feast Kitchen, para criar as outras receitas do cardápio. Ela, que há mais de cinquenta anos estuda culinária e nutrição, é também autora de oito livros de receitas veganas.

Banquete da resistência 1
Compota feiosa de frutas da xepa
"Frango" vegano ao molho de laranja
Bombons de nozes e cereja

Compota feiosa de frutas da xepa
Rende 4-6 porções

Esta receita, criada pela irmã de Carol, Nancy Adams, é ótima para aproveitar frutas quase passando do ponto, ou aquelas que passaram muito tempo esquecidas na geladeira. Veja o que ela diz da receita: "Ruibarbo, bananas e maçãs supermaduras e açúcar a gosto – isso parece uma lama do pântano? Parece, mas é uma delícia!" Esta é uma das receitas possíveis. Aproveite a xepa na sua casa para fazer a sua versão.

450 g de ruibarbo*
2 maçãs supermaduras (corte fora as partes estragadas)
2 bananas supermaduras, porém não inteiramente pretas
2 xícaras de vinagre de maçã
¼ de xícara de açúcar

---

* O ruibarbo é um caule de aspecto semelhante ao salsão, mas com coloração avermelhada. Seu sabor é azedinho e ao mesmo tempo levemente adocicado, por isso pode ser substituído por diversos tipos de frutas vermelhas. Depois de cozido, fica com uma consistência parecida com a da maçã e da pera, então você também pode usá-las como alternativa. (N. E.)

- Ferva o ruibarbo, as maçãs e as bananas no vinagre em fogo brando até o ruibarbo amolecer. Adicione o açúcar, prove e adicione mais caso sinta necessidade.
- Sirva a compota acompanhada de iogurte ou creme veganos.

"Frango" vegano ao molho de laranja
Receita da chef Bryanna Clark Grogan
Rende 4 porções

Algo me diz que esta receita não é exatamente igual ao clássico, não acha? Mas é claro que não, ô! Esta é uma versão veganizada, com o franguinho livre, leve e solto. Caso use um produto já empanado, pule os cinco primeiros ingredientes da lista.

Mistura para o empanado:
2 xícaras de farinha de trigo integral
¼ de xícara de levedura nutricional
1 colher (chá) de sal
1 colher (chá) de cebola em pó
1 colher (chá) de alho granulado ou em pó (opcional)
4 filés de "frango" vegano grandes
3 laranjas grandes
1 xícara de caldo de "galinha" vegano
½ xícara de caldo de "carne" vegano
½ xícara de água
2 colheres (sopa) de açúcar mascavo
1 colher (sopa) de amido de milho ou de trigo (não use outros tipos de amido)
3 colheres (sopa) de xerez seco ou meio seco
2 colheres (sopa) de manteiga vegana
sal e pimenta preta moída a gosto
azeite de oliva

- Se os filés não estiverem empanados, siga este processo: misture a farinha, a levedura nutricional, o sal, a cebola em pó e o alho em pó (caso decida usá-lo). Coloque essa mistura em uma travessa rasa e passe os filés nela para empanar. Reserve-os.
- Lave e seque as laranjas. Rale toda a casca de uma das laranjas. Com o auxílio de um descascador, descasque a segunda laranja e reserve. Esprema o suco da terceira laranja e reserve-o.
- Cuidadosamente retire a pele branca das duas laranjas descascadas e corte-as em rodelas de 1 cm. Corte as rodelas ao meio.
- Em uma panela média, misture os caldos, a água e o açúcar. Deixe levantar fervura em fogo alto. Acrescente as tirinhas de casca e o suco de laranja. Reduza a chama e deixe ferver em fogo brando de 10 a 15 minutos.
- Misture o amido ao xerez e acrescente ao molho da panela. Mexa rapidamente até que engrosse. Prove e tempere a gosto com sal e pimenta preta. Passe o molho em uma peneira para retirar as casquinhas. Adicione a manteiga vegana e algumas rodelas de laranja.
- Em uma frigideira grande, esquente uma colher (sopa) de azeite. Doure os filés até ficarem crocantes e levemente dourados.
- Coloque-os em uma travessa de servir e regue com bastante molho de laranja. Salpique com raspas da fruta e decore com as rodelas restantes. Sirva com purê de batata, batata assada ou arroz 7 grãos, salada mista e pão quentinho.

Bombons de nozes e cereja

Receita da chef Bryanna Clark Grogan
Rende de 45-48 unidades pequenas

Os convidados vão se surpreender com estes bombons lindos e facílimos de fazer.

2 xícaras de gotas de chocolate vegano meio amargo
1 xícara de pasta de oleaginosa
3 colheres (sopa) de óleo de coco refinado
2 colheres (sopa) de xarope de bordo ou melado de cana
1 xícara de oleaginosas picadas e tostadas (use a mesma oleaginosa da pasta) – se quiser, podem ser salgadas
2 colheres (chá) de extrato de baunilha (opcional)
1 xícara de geleia ou compota industrializada ou caseira de cereja para o recheio

- Em uma tigela refratária, coloque as gotas de chocolate, a pasta, o óleo e o xarope; derreta a mistura em banho--maria. Quando os ingredientes formarem uma pasta lisa, acrescente as nozes (e a baunilha, se decidir usá-la), até que fiquem bem distribuídas na mistura.
- Deixe esfriar até atingir um ponto firme e maleável, que não grude nas mãos. Forme os bombons pingando a massa com uma colher pequena sobre assadeiras forradas com papel-manteiga. Imediatamente, pressione cada porção no meio com o auxílio do polegar, juntando delicadamente as partes que racharem.
- Preencha cada cavidade com ½ colher (chá) de geleia/compota de cereja (não exagere na quantidade). Leve as assadeiras à geladeira até os bombons firmarem. Eles podem ser conservados na geladeira ou no congelador em potes bem fechados, separando as camadas com papel-manteiga.

Banquete da resistência 2
Salada de taco ao molho picante
Crumble de pêssego

Salada de taco ao molho picante
Receita da chef Bryanna Clark Grogan
Rende 4 porções

Pimentas chipotle em molho adobo são pimentas jalapeño defumadas e desidratadas, conservadas em um molho vermelho apimentado. Além do sabor picante, elas dão um toque defumado à preparação.

1 xícara de milho congelado (descongele antes de usar)
2 tomates médios maduros picados (ou 2 xícaras de tomate grape picado)
½ xícara de cebola roxa sem casca picada
½ xícara de azeitonas pretas ou kalamata sem caroço, cortadas em rodelas
1 pimentão verde médio picado, sem sementes e veias
2 pimentas chipotle em conserva picadas, ou mais, a gosto
1 colher (sopa) de suco de limão-taiti
1 colher (chá) de cominho em pó
½ colher (chá) de sal
1 colher (sopa) ou mais de coentro picado (ou salsinha, se não gostar de coentro)
4 xícaras de feijão-carioca ou preto cozido (escorrido, sem caldo)
1 colher (sopa) de tempero para tacos ou pasta de chili mexicano

4 "tigelinhas" de tortilha integral industrializadas
ou caseiras, feitas com tortilhas de 25 cm (veja as
instruções na receita)
alface fresca picada
4 xícaras de quinoa ou arroz cozido quente

Acompanhamentos (use um, dois, três ou todos)
abacate cortado e pincelado com suco de limão-siciliano
sour cream vegano
queijo branco vegano ralado

- Prepare o molho combinando o milho, o tomate, a
cebola, a azeitona, o pimentão, a pimenta chipotle, o
suco de limão, o cominho, o sal e o coentro (opcional).
Leve à geladeira até a hora de servir.
- Tempere o feijão com o tempero de taco ou pasta de
pimenta e reserve.
- Se precisar fazer suas tigelinhas de tortilha, preaqueça o
forno a 220 ºC. Unte ou borrife óleo nos dois lados das
tortilhas e use-as para forrar cumbucas pequenas viradas
para baixo. Arrume as cumbucas em uma assadeira.
Leve ao forno até que fiquem crocantes e durinhas,
processo de 10 a 15 minutos, lembrando de girar a
assadeira dentro do forno na metade do tempo. Deixe
esfriar completamente antes de desgrudar as massas
das cumbucas.
- Para montar as saladinhas, siga estas etapas: forre o
fundo de cada tigelinha de tortilha com uma cama de
alface picadinha. Por cima, sirva uma colherada de arroz
ou quinoa, ainda quente. Acrescente uma porção farta
de feijão e, em seguida, uma boa quantidade do molho
picante. Sirva acompanhado de abacate, sour cream
vegano e alface picada.

Crumble de pêssego
Rende 12 porções

Embora a maioria das misturas prontas de bolo seja vegana, verifique no rótulo. O pulo do gato aqui é substituir os ovos e o óleo pedidos na embalagem por água com gás.

450 g de pêssegos congelados cortados (descongele-os antes de usar)
1 embalagem de mistura para bolo sabor baunilha
350 ml de água com gás
½ xícara de nozes picadas

- Preaqueça o forno seguindo as instruções da embalagem da mistura de bolo.
- Espalhe os pêssegos no fundo de uma fôrma redonda antiaderente de 23 cm × 33 cm.
- Ponha a mistura de bolo em uma tigela e despeje a água com gás por cima, misturando rápido. A massa deve ficar homogênea, mas evite misturá-la mais que o necessário.
- Deite a massa por cima dos pêssegos. Salpique com nozes. Leve para assar seguindo as orientações da embalagem. A massa pode precisar de 3 a 4 minutos a mais no forno para assar totalmente.

* * * * * *

Ao optar por uma alimentação de base vegetal, você está praticando o bem aos montes, e em uma só tacada. E tal como começamos dizendo no livro, o que acontece na cozinha não se limita à cozinha. Ficamos na torcida para que você leve as ideias, sacadas e ingredientes que aprendeu no livro para sua vivência cotidiana da resistência. Nesta época em que bate o desânimo, a alimentação pode, sim, ser fonte de fortalecimento. Nossa vida *ganha importância* na luta contra a injustiça quando fazemos escolhas significativas. O veganismo oferece, todos os dias, uma maneira de exaltar os seus valores, ao mesmo tempo que ajuda a proteger o ambiente, a lutar contra a misoginia e outros comportamentos opressivos, a cultivar a compaixão e a melhorar a saúde. Nossas ações individuais na alimentação diária não são algo imaterial: elas são parte essencial da resistência.

> O que acontece na cozinha não se limita à cozinha.

O que há na sua cozinha de protesto?

Posfácio

por Daniela Rosendo

Desde criança, sempre tive uma relação próxima com os livros, a escrita e a educação. Isso não significa que fosse uma das melhores alunas na escola. Longe disso. A timidez me impedia muito de me expressar, e muitas vezes me sentia incapaz ou inferiorizada, mesmo tendo boas notas e até recebendo elogios. Apesar de meu interesse em aprender sempre mais, tive muita dificuldade para escolher o curso de graduação. Só sabia que faria uma graduação – neste ponto, reconheço o privilégio que tive. Entre os vários cursos que cogitei fazer, estavam nutrição e, pasmem, engenharia de alimentos. Acabei escolhendo o direito e, na pós-graduação, me voltei para a filosofia e, mais especificamente, o estudo da ética da política.

Relembrando essa trajetória, vejo o quanto a alimentação sempre foi um interesse, marcado pela interdisciplinaridade. Mesmo dentro da filosofia e das ciências humanas, dei um jeito de pensar na alimentação. Isso, sem dúvida, se deve também às escolhas alimentares que fiz no início da vida adulta, lá pelos 20 anos. Em 2005, rompi com a exploração dos animais para consumo humano, tornei-me vegetariana e, em seguida, vegana.

Fui revendo meus hábitos alimentares, de vestuário, de entretenimento e passei a olhar o mundo e as relações pela lente da ética animal.

Mais tarde, debrucei-me sobre o direito humano à alimentação adequada para articular esses diferentes campos (direito, ética e política), agora pela ótica ecofeminista animalista, minha grande área de pesquisa e atuação. Minha dúvida naquele momento era: alimentação adequada *para quem*? Em resumo, pode-se dizer que a alimentação é boa se faz bem não só para quem consome os alimentos, mas também para quem os produz e sofre os impactos dessa produção: o solo, as águas, o ar, os povos tradicionais, os animais etc. O resultado desses anos de estudo, reflexão e prática tem sido uma *práxis ecofeminista animalista*, que inclui o *veganismo político descolonial como uma prática de cuidado*. Se almejamos uma sociedade que não incorre em nenhuma forma de opressão, o projeto ético-político ecofeminista animalista requer, entre seus princípios e elementos, esse compromisso com a abstenção do uso e exploração dos animais não humanos.

Cozinha de protesto, de Carol J. Adams e Virginia Messina, é uma obra que chega como mais um retalho desse *quilt* ecofeminista, metáfora criada por Karen J. Warren. Filósofa ecofeminista que nos deixou em 2020, Warren era conterrânea de Adams e Messina e usou essa metáfora do *quilt*, espécie de colcha artesanal geralmente feita por mulheres, para falar das teorias. A ideia é que vamos costurando nosso *quilt* a partir de diferentes retalhos, pessoas e contextos. É evidente que isso não significa assimilar acriticamente a obra dessas autoras, ao mesmo tempo que seria raso rejeitá-la como uma mera importação do *American Way of Life* (estilo de vida americano), inclusive porque, em boa medida, Adams e Messina rompem com o *American Dream* (sonho americano).

Livros traduzidos devem ser sempre contextualizados. Quando as autoras dizem para valorizar a culinária nativa, podemos entender que o nosso próprio contexto geográfico deve ser valorizado. Aqui, em Pindorama, isso ganha uma proporção gigante e depende de onde a pessoa vive: no litoral, na serra, no sertão, se está no Sul, Sudeste, Centro-Oeste, Norte ou Nordeste. Implica a valorização da culinária regional, da sazonalidade, da produção local oriunda da agricultura familiar, agroecológica. Por vezes, significa primeiro resgatar esses conhecimentos, que foram subalternizados pelos processos de colonização não só dos povos, mas também da mente e dos territórios, como nos ensinou a ecofeminista indiana Vandana Shiva. Ainda que o "cenário ideal" não exista, podemos nos guiar pela ética do cuidado e fazer escolhas conscientes de práticas que levem em consideração os impactos positivos e negativos da produção, da distribuição e do consumo de alimentos.

Dessa forma, o veganismo vai ganhando contornos mais amplos e nos leva necessariamente a reflexões e práticas também mais complexas (o que é bem diferente de "mais difíceis", não vamos confundir). Uma das questões para as quais chamo a atenção, por exemplo, é a problematização quanto à própria origem do veganismo, situada lá no Reino Unido, na Europa, no século XX, e que não deve apagar outras culturas e práticas que priorizam a alimentação vegetal e o exercício da soberania alimentar, ou seja, o conhecimento de grupos cuja alimentação e manutenção da vida não está nas mãos das grandes corporações. Sem dúvida, o veganismo tem uma dimensão de boicote que impõe um limite e demonstra, de forma prática, com o que nós não compactuamos. O veganismo não tem a ver só com humanas, humanes e humanos e com termos mais opções de alimentos, mas também com os animais e as injustiças sociais. Contudo, se o que entra na nossa alimentação no lugar desse boicote não for igualmente problematizado, ao nos perguntarmos o que está por trás dos alimentos de origem vegetal que consumimos, o risco de esvaziamento do veganismo é iminente. Numa dimensão propositiva para além do boicote, o veganismo deve incluir nas nossas refeições, no nosso vestuário e nas nossas formas de entretenimento o que consideramos que promove a justiça plural.

Vamos combinar então de não cair no engodo liberal que individualiza as práticas e as descola dos sistemas de exploração nos quais estão inseridas? E mais, não vamos deixar que esses mesmos sistemas, que estruturam e sustentam instituições e até Estados, se apropriem das causas que nos tocam e cooptem nossos movimentos por libertação humana e animal. Ou seja, o alimento não tem apenas origem animal ou vegetal, mas também pode ser fruto de muitas outras violências, como a invasão de territórios indígenas no Cerrado e na Floresta Amazônica aqui no Brasil, por exemplo, ou a ocupação e colonização da Palestina. Aliás, nessa região, o *vegan washing* é um exemplo de apropriação da causa animal para disfarçar violações de direitos humanos. É incoerente o exército israelense oferecer acessórios sem couro animal e refeições veganas enquanto ocupa e controla militarmente o território palestino de forma ilegal e ilegítima, violando a autodeterminação desse povo. Sempre bom lembrar que é preciso ter coerência entre direitos animais e direitos humanos, sob a pena de continuarmos perpetuando sistemas de opressão.

Se a exploração ocorre de forma sistêmica e estrutural, precisamos olhar para toda a cadeia de produção. Nos estudos de lógica, aprendemos que é possível concordar com a conclusão de um argumento sem, no entanto, concordar com suas premissas. Estamos de acordo que queremos comida vegetal? Sim. Concordamos que esse alimento seja produzido pelas mesmas indústrias que exploram animais e trabalhadoras/es e causam muitos outros impactos socioambientais? De jeito nenhum!

Os impactos da alimentação são muitos: nos animais, no clima, nos direitos humanos. Comer é, sem dúvida, um ato político. Por isso, uma receita não é só uma receita. A escolha de cada ingrediente que compõe nossas refeições acarreta impacts, sejam negativos, sejam positivos. É nesse sentido que defendo o veganismo como uma prática de cuidado, isto é, inserido em um projeto ético-político ecofeminista animalista. Esse veganismo político faz parte de uma práxis antiespecista que reconhece a conexão entre diferentes *ismos* de dominação. Se olharmos só para a questão dos animais, não daremos conta de superar essa opressão porque ela está inserida em um sistema que opera outros *ismos* concomitantemente: racismo, machismo, capacitismo, heterossexismo. Olhar para isso tudo ao mesmo tempo pode ser assustador, mas também a chave para construirmos relações mais justas. É alimentar a utopia.

Dessa forma, temos que disputar a própria concepção de veganismo e situá-lo em um projeto descolonial e anticapitalista. Fazemos isso quando defendemos um veganismo político, popular, periférico, que compreende a centralidade da emancipação de todos os sujeitos e grupos oprimidos e subalternizados pelo colonialismo, patriarcado e capitalismo. Além de compreender que a culinária é um campo de reprodução dos *ismos* de opressão, por meio da manutenção e reprodução da cultura opressora, a libertação não é *dada* por quem está no lugar de poder, mas *conquistada* por quem se liberta.

Olhar para esse aspecto político do veganismo nos leva também para outro aspecto fundamental. Não devemos resumir a práxis vegana às escolhas individuais. Ser vegana, vegane ou vegano é, sem dúvida, uma escolha ética, no exercício da liberdade e da responsabilidade individual. Por isso, inclusive, só faz sentido onde existem condições materiais para escolher do que nos alimentamos. Dependendo do contexto social, político e geográfico, essas condições são mais ou menos favorecidas e, quando possível, devem ser criadas.

Adams e Messina chamaram bastante a atenção para isso ao tratarem da justiça alimentar e apontarem para a criação de soluções locais e comunitárias. No Brasil, país que havia sido retirado do mapa da fome por políticas públicas e que agora é posto de volta por negligência deliberada, escolher o que comer pode parecer privilégio, mas talvez seja justamente o contrário. Ao escolhermos alimentos produzidos de forma ética e justa com os animais, as/os trabalhadoras/es e a terra, deixamos de compactuar com a necropolítica e nos comprometemos com práticas que nos aproximam de um bem viver.

Sendo parte da cultura, como já mencionei antes, a alimentação é uma das formas de manter e reproduzir estruturas de opressão baseadas no gênero também. Na sua longa trajetória, Adams vem contribuindo com essa temática e não deixa isso de lado em *Cozinha de protesto*, na companhia de Messina. Ao resgatar a política sexual da carne, as autoras mostram o quanto os binarismos (inclusive de gênero: homem/mulher, masculino/feminino, humano/animal) criam uma noção de feminilidade associada à passividade, sexualização e objetificação dos animais e como isso pode impactar em especial as fêmeas de outras espécies. No entanto, é muito importante ressaltar que essa projeção de feminilidade não implica, necessariamente, em reduzir a existência de quaisquer seres – sejam humanos, sejam outros que não humanos – à binaridade de gênero. Como ensinam as ecofeministas *queer*, como Greta Gaard e Catriona Sandilands, há uma diferença importante entre identificar como os dualismos operam na sociedade e projetar essa visão binária e cis-heteronormativa nas relações socioambientais e interespécies.

Ademais, da perspectiva política, é importante lembrar também da divisão entre o público e o privado, entre o trabalho produtivo e o trabalho reprodutivo. Este último, associado às atividades de cuidado, marca também práticas de segregação racial, a cozinha como espaço das mulheres e o confinamento dos animais, como Adams e Messina expuseram. Assim, ressignificar a alimentação a partir do projeto ético-político ecofeminista passa também por entender que a alimentação compõe uma dimensão importante do cuidado não só dos outros, sob responsabilidade das mulheres no sistema patriarcal e capitalista, mas também do cuidado de si. Cozinhar pode ser uma forma de autocuidado e de exercício de autonomia *relacional*, tendo em vista que somos interdependentes e ninguém vive absolutamente de forma independente.

Por fim, queridas pessoas leitoras engajadas, eu lhes convido: alimentem a revolução, uma refeição por vez.

Daniela Rosendo
Filósofa e educadora, doutora em Ética e Política,
autora de *Sensível ao cuidado: Uma perspectiva ética ecofeminista*
Florianópolis, território Guarani, inverno de 2021.

Notas

Capítulo 1

1. Betsy Cooper, Daniel Cox, Rachel Lienesch e Robert P. Jones, "The Divide Over America's Future: 1950 or 2050?". Public Religion Research Institute, 25/10/2016. Disponível em: <www.prri.org/research/poll-1950s-2050-divided-nations-direction-post-election/>.
2. Richard Rothstein, *The Color of Law: A Forgotten History of How Our Government Segregated America*. Nova York: Liveright, 2017, p. 147.
3. Luz Calvo e Catriona Rueda Esquibel, *Decolonize Your Diet: Plant-Based Mexican-American Recipes for Health and Healing*. Vancouver: Arsenal Pulp Press, 2017.
4. Judith A. Carney e Richard Nicholas Rosomoff, *In the Shadow of Slavery: Africa's Botanical Legacy in the Atlantic World*. Berkeley e Los Angeles: University of California Press, 2009, p. 76.
5. Idem, p. 91.
6. George Beard, *Sexual Neurasthenia: Its Hygiene, Causes, Symptoms and Treatment with a Chapter on Diet for the Nervous*. Nova York: E. B. Treat e Co., 1898, pp. 272-278.

236 COZINHA DE PROTESTO

7. Jeremy Rifkin, *Beyond Beef: The Rise and Fall of the Cattle Culture.* Nova York: Dutton Books, 1992, pp. 200-212.

8. Citação em Jim Mason e Peter Singer, *Animal Factories.* Nova York: Crown, 1981, p. 1.

9. Citação em C. David Coats, *Old Mac-Donald's Factory Farm.* Nova York: Continuum Books, 1989, p. 32.

10. Citação de Ruth Harrison em *Animal Machines.* Oxfordshire e Boston: CABI, 2013 (reedição da edição de 1964), p. 75.

11. Dave Rogers, "Strange noises turn out to be cows missing their calves", *The Daily News*, 23/10/2013. Disponível em: <http://www.newburyportnews.com/news/local_news/strange-noises--turn-outto-be-cows-missing-their-calves/article_d872e4da-b-318-5e90-870e-51266f8eea7f.html>.

12. Rothstein, *The Color of Law*, p. xii.

13. Stephanie Coontz, *The Way We Never Were: American Families and the Nostalgia Trap.* Nova York: Basic Books, 1992/2016, p. 56.

14. Will Potter, *Green is the New Red.* São Francisco: City Lights, 2011.

15. Coontz, *The Way We Were*, p. 28.

Capítulo 2

1. Meehl, G. A., Tebaldi, C., Walton, G., Easterling, D., e McDaniel, L. (2009), Relative increase of record high maximum temperatures compared to record low minimum temperatures in the U.S. Geophys. Res. Lett., 36, L23701.

2. "How Much More Will Earth Warm?", *NASA Earth Observatory*, 03/06/2010. Disponível em: <https://earthobservatory.nasa.gov/Features/GlobalWarming/page5.php>.

3. Hughes, T., Kerry, J., Álvarez-Noriega, M. et al. Global warming and recurrent mass bleaching of corals. Nature 543, 373–377 (2017).

4. Camille Parmesan, "Ecological and evolutionary responses to recent climate change", *Annual Review of Ecology, Evolution, and Systematics*, 2006, 37, pp. 637-669.

NOTAS 237

5. Michelle Ma, "Polar bears across the Arctic face shorter sea ice season", *Global Climate Change*, 03/10/2016. Disponível em: <https://climate.nasa.gov/news/2499/polar-bears-across-the-arctic-face-shorter-sea-ice-season>.

6. Stephen Leahy, "BIODIVERSITY: Scientists Foresee Extinction Domino Effect", *Inter Press Service*, 17/05/2007. Disponível em: <http://www.ipsnews.net/2007/05/biodiversity-scientists-foresee-extinction-domino-effect.>.

7. Meehl, G.A., T.F. Stocker, W.D. Collins, P. Friedlingstein, A.T. Gaye, J.M. Gregory, A. Kitoh, R. Knutti, J.M. Murphy, A. Noda, S.C.B. Raper, I.G. Watterson, A.J. Weaver e Z.-C. Zhao, 2007: "Global Climate Projections". In: *Climate Change 2007: The Physical Science Basis. Contribution of Working Group I to the Fourth Assessment Report of the Intergovernmental Panel on Climate Change* [Solomon, S., D. Qin, M. Manning, Z. Chen, M. Marquis, K.B. Averyt, M. Tignor and H.L. Miller (eds.)]. Cambridge University Press, Cambridge, United Kingdom and New York, NY, USA.

8. Jerry Knox et al 2012 Environ. Res. Lett. 7 034032.

9. Disponível em: https://obamawhitehouse.archives.gov/the-press-office/2016/09/21/presidential-memorandum-climate-change-and-national-security.

10. Katharina Nett e Lukas Rüttinger, "Insurgency, Terrorism and Organised Crime in a Warming Climate - Report and Summary", *Climate Change*, 20/04/2017. Disponível em: <https://www.newclimateforpeace.org/blog/insurgency-terrorism-and-organised-crime-warming-climate>.

11. Alex Ghenis, "The End of the World As We Know It", *New Mobility: life beyond wheels*, 01/03/2016. Disponível em: <http://www.newmobility.com/2016/03/climate-change-and-disability>.

12. Frances Moore Lappé, *Diet for a Small Planet*. Nova York: Ballantine, 1981. [Ed. brasileira: *Dieta para um pequeno planeta*. São Paulo: Ground, 1985].

13. Lucas Reijnders, Sam Soret, Quantification of the environmental impact of different dietary protein choices, *The American Journal*

of Clinical Nutrition, Volume 78, Issue 3, September 2003, pp. 664S–668S.

14. Harold J Marlow, William K Hayes, Samuel Soret, Ronald L Carter, Ernest R Schwab, Joan Sabaté, Diet and the environment: does what you eat matter?, *The American Journal of Clinical Nutrition*, Volume 89, Issue 5, May 2009, pp. 1699S–1703S.

15. Horrigan, Leo et al. "How sustainable agriculture can address the environmental and human health harms of industrial agriculture." *Environmental health perspectives* vol. 110,5 (2002): pp. 445-56.

16. Akhtar AZ, Greger M, Ferdowsian H, Frank E. Health professionals' roles in animal agriculture, climate change, and human health. Am J Prev Med. 2009 Feb; 36(2): pp. 182-7.

17. Joan Sabaté, Sam Soret, Sustainability of plant-based diets: back to the future, *The American Journal of Clinical Nutrition*, Volume 100, Issue suppl_1, July 2014, pp. 476S–482S.

18. Daniel Pauly, "Aquacalypse Now", *The New Republic*, 28/09/2009. Disponível em: <https://newrepublic.com/ article/69712/ aquacalypse-now>.

19. S.S. De Silva e D. Soto, "Climate change and aquaculture: potential impacts, adaptation and mitigation". In K. Cochrane, C. De Young, D. Soto e T. Bahri (eds.). *Climate change implications for fisheries and aquaculture: overview of current scientific knowledge*. FAO Fisheries and Aquaculture Technical Paper. Nº 530. Rome, FAO, 2009, pp. 151-212.

20. Elisabeth K.A. Spiers, Richard Stafford, Mery Ramirez, Douglas F. Vera Izurieta, Mariaherminia Cornejo, Johnny Chavarria, "Potential role of predators on carbon dynamics of marine ecosystems as assessed by a Bayesian belief network", Ecological Informatics, Volume 36, 2016, pp. 77-83.

21. Sonja J. Vermeulen, Bruce M. Campbell, John S.I. Ingram, "Climate change and food systems". *Annu. Rev. Environ. Resour.*, 2012, 37, pp. 195-222; Francesco Nicola Tubiello, Mirella Salvatore, Rocio Danica Condor Golec, Alessandro Ferrara, Simone Rossi, Riccardo Biancalani, Sandro Federici, Heather

Jacobs, Alessandro Flammini, *Agriculture, Forestry and Other Land Use Emissions by Sources and Removals by Sinks: 1990-2011 Analysis*, FAO Statistics Division, Rome, 2014.

22. M. Berners-Lee, C. Hoolohan, H. Cammack, C.N. Hewitt, The relative greenhouse gas impacts of realistic dietary choices, Energy Policy, Volume 43, 2012, pp. 184-190.

23. Scarborough, P., Appleby, P.N., Mizdrak, A. et al. Dietary greenhouse gas emissions of meat-eaters, fish-eaters, vegetarians and vegans in the UK. *Climatic Change 125*, pp. 179–192 (2014).

24. Alfredo Mejia, Helen Harwatt, Karen Jaceldo-Siegl, Kitti Sranacharoenpong, Samuel Soret e Joan Sabaté. (2017). Greenhouse Gas Emissions Generated by Tofu Production: A Case Study. *Journal of Hunger & Environmental Nutrition.* 13. 1-12;
Arjen Hoekstra, "The water footprint of animal products". In: *The Meat Crisis: Developing More Sustainable Production and Consumption.* Londres: Earthscan Publications, 2010, pp. 22-33.

25. Harwatt, H., Sabaté, J., Eshel, G. et al. Substituting beans for beef as a contribution toward US climate change targets. *Climatic Change 143*, p. 261. (2017).

26. Disponível em: http://www.worldwatch.org/global-meat-production-and-consumption-continue-rise.

27. Oseni T, Patel R, Pyle J, Jordan VC. Selective estrogen receptor modulators and phytoestrogens. *Planta Med.* 2008 Oct;74(13):1656-65.

28. Korde LA, Wu AH, Fears T, Nomura AM, West DW, Kolonel LN, Pike MC, Hoover RN, Ziegler RG. Childhood soy intake and breast cancer risk in Asian American women. *Cancer Epidemiol Biomarkers Prev.* 2009 Apr;18(4):1050-9.

29. F. Chi *et al.*, "Post-diagnosis soy food intake and breast cancer survival: A meta-analysis of cohort studies". *Asian Pacific Journal of Cancer Prevention*, 2013, 14, pp. 2.407-12.

30. Applegate CC, Rowles JL, Ranard KM, Jeon S, Erdman JW. Soy Consumption and the Risk of Prostate Cancer: An Updated

Systematic Review and Meta-Analysis. *Nutrients*. 2018 Jan 4;10(1):40.

31. Aune D, Navarro Rosenblatt DA, Chan DS, Vieira AR, Vieira R, Greenwood DC, Vatten LJ, Norat T. Dairy products, calcium, and prostate cancer risk: a systematic review and meta-analysis of cohort studies. *Am J Clin Nutr.* 2015 Jan;101(1):87-117.

Capítulo 3

1. David Bornstein, "Time to Revisit Food Deserts", The New York Times, 25/04/2012. Disponível em: <https://opinionator.blogs.nytimes.com/2012/04/25/time-to-revisit-food-deserts>.
2. Chin Jou, *Supersizing Urban America: How Inner Cities Got Fast Food with Government Help*. Chicago e Londres: The University of Chicago Press, 2017.
3. "Hearings Before the Committee on Agriculture on the So-called 'Beveridge Amendment' to the Agricultural Appropriation Bill", U.S. Congress, House, Committee on Agriculture, 1906, pp. 346-50, 59th Congress, 1ª sessão.
4. Jennifer Dillard, "Slaughterhouse Nightmares: Psychological Harm Suffered by Slaughterhouse Employees and the Possibility of Redress through Legal Reform". *Georgetown Journal on Poverty Law & Policy*, 15 (391).
5. Michael S. Worrall, "Meatpacking Safety: Is OSHA Enforcement Adequate?" *Drake Journal of Agricultural*, vol. 9 no. 2, 2009.
6. Dillard.
7. Rachel McNair, "Perpetration-Induced Traumatic Stress: The Psychological Consequences of Killing", *Psychological Dimensions of War and Peace,* editado por Harvey Langholtz. Nova York: Authors Choice Press, 2005.
8. The Washington Post , "Far from home, Puerto Ricans begin lives they never imagined", *Omaha World Herald*, 06/01/2018. Disponível em: <http://www.omaha.com/eedition/sunrise/

articles/far-from-home-puerto-ricans-begin-lives-they-never-imagined/article_cfb7d134-274e-5e1d-b0ab-b0cd285270ed.html>.

9. Nathan J. Robinson, "Why isn't this a major national scandal?", *Current Affairs*, 19/12/2017. Disponível em: <https://www.currentaffairs.org/2017/12/why-isnt-this-a-major-national-scandal>.

10. Peter Waldman e Kartikay Mehrotra, "America's Worst Graveyard Shift Is Grinding Up Workers", *Bloomberg*, 29/12/2017. Disponível em: <https://www.bloomberg.com/news/features/2017-12-29/america-s-worst-graveyard-shift-is-grinding-up-workers>.

11. Laurie Mazur, "Milwaukee is Showing How Urban Gardening Can Heal a City", *Civil Eats*, 04/10/2017. Disponível em: <https://civileats.com/2017/10/04/milwaukee-is-showing-how-urban-gardening-can-heal-a-city.>.

Capítulo 4

1. "Coma como um homem" na capa da edição de junho de 2009 de revista *Muscle and Fitness*. A capa está disponível em: <https://www.amazon.com/muscle-fitness-magazine-coverphoto/dp/b007qvt-vc4/ref=sr_1_4?s=magazines&ie=utf8&qid=1521855633&sr=-8-4&keywords=muscle+and+fitness+eat+like+a+man>.

2. Nestor Ramos, "At steakhouse Flank, testosterone wrapped in bacon, cutlery optional", *Boston Globe*, 06/06/2016. Disponível em: <https://www.bostonglobe.com/lifestyle/style/2016/06/06/flank-testosterone-wrapped-bacon-cutlery-optional/oBM1TdorZ-B6OsuoA6WY1HM/story.html>.

3. "Hurricane Doug", do Taco Bell. Vídeo disponível em: <https://www.adforum.com/creative-work/ad/player/34491786/hurricane-doug/taco-bell>.

4. Seth Stevenson, "suvs for Hippies?", *Slate*, 14/07/2006. Disponível em: <http://www.slate.com/articles/business/ad_report_card/2006/08/suvs_for_hippies.html>.

5. Martinez J, Lewi JE. An unusual case of gynecomastia associated with soy product consumption. Endocr Pract. 2008 May-Jun;14(4):415-8; Siepmann T, Roofeh J, Kiefer FW, Edelson DG. Hypogonadism and erectile dysfunction associated with soy product consumption. Nutrition. 2011 Jul-Aug;27(7-8):859-62.
6. Hamilton-Reeves JM, Vazquez G, Duval SJ, Phipps WR, Kurzer MS, Messina MJ. Clinical studies show no effects of soy protein or isoflavones on reproductive hormones in men: results of a meta-analysis. Fertil Steril. 2010 Aug;94(3):997-1007;
   Messina M. Soybean isoflavone exposure does not have feminizing effects on men: a critical examination of the clinical evidence. Fertil Steril. 2010 May 1;93(7):2095-104; Mitchell JH, Cawood E, Kinniburgh D, Provan A, Collins AR, Irvine DS. Effect of a phytoestrogen food supplement on reproductive health in normal males. Clin Sci (Lond). 2001 Jun;100(6):613-8; Beaton LK, McVeigh BL, Dillingham BL, Lampe JW, Duncan AM. Soy protein isolates of varying isoflavone content do not adversely affect semen quality in healthy young men. Fertil Steril. 2010 Oct;94(5):1717-22.
7. Messina M, Nagata C, Wu AH. Estimated Asian adult soy protein and isoflavone intakes. Nutr Cancer. 2006;55(1):1-12.
8. Rosie, a Galinha Orgânica, da Petaluma Poultry. Disponível em: <https://www.petalumapoultry.com/products/rosie-organic>.
9. Erica Berenstein, Nick Corasaniti e Ashley Parker, "Unfiltered Voices From Donald Trump's Crowds", *New York* Times, 03/08/2016. O sanduíche "KFC Hillary" aparece em 2:33. Disponível em: <https://www.nytimes.com/video/us/politics/100000004533191/unfiltered--voices-from-donald-trumps-crowds.html>.
10. Bridie Jabour, "Julia Gillard's 'small breasts' served up on Liberal party dinner menu", *The Guardian*, 12/06/2013. Disponível em: <https://www.theguardian.com/world/2013/jun/12/gillard-menu-sexist-liberal-dinner>.

11. Disponível em: https://www.tripadvisor.co.nz/
    LocationPhotoDirectLink–32416–d7265414–i120918938–
    The#Saussie#Pig–Fellsmere#Florida.html.
12. Laura Shunk, "Twin Peaks brings beer, ballgames and boobs to
    Colorado Mills", *Westword*, 11/10/2011. Na Wikipédia, o verbete
    "*Breastaurants*" refere-se a restaurantes com nomes de duplo sentido. O
    material publicitário para a divulgação da série *Twin Peaks* é citado no
    artigo, disponível em: <http://www.westword.com/restaurants/twin-
    -peaks-brings-beer-ballgames-and-boobs-to-colorado-mills-5765332>.
13. Nos Estados Unidos, uma em cada cinco mulheres já procurou
    uma clínica de aborto. Cecile Richards, Women's March on
    Washington. 21/01/2017. Transmissão ao vivo pelo *site* do *The
    New York Times*.
14. Joe Atmonavage, "Is this cheeky logo too sexy for an N.J. ice cream
    shop? Locals think so", *NJ.com*, 05/12/2017. Disponível em:
    <http://www.nj.com/entertainment/index.ssf/2017/12/dairy_
    air_ice_cream_montclair_logo.html>.
15. Karin Lindquist, "How to Artificially Inseminate Cows and
    Heifers", *WikiHow*. Disponível em: <https://www.wikihow.com/
    Artificially-Inseminate-Cows-and-Heifers>.
16. Molly Olmstead, "Cornell Frat Suspended for Game in Which
    Men Compete to Have Sex With Overweight Women", *Slate*,
    07/02/2018. Disponível em: <https://slate.com/news-and-politi-
    cs/2018/02/cornell-fraternity-zeta-beta-tau-suspended-for-offen-
    sive-pig-roast-game.html>.

Capítulo 5

1. Scott Douglas, "The Alabama Senate Race May Have
   Already Been Decided", *The New York Times*, 11/12/2017.
   Disponível em: <https://www.nytimes.com/2017/12/11/

opinion/roy-moore-alabama-senate-voter-suppression. html?smid=tw-nytopinion&smtyp=cur>.

2. Ryu Spaeth, "White cop calls black protesters 'animals' in Ferguson, Missouri", *The Week*, 08/01/2015. Disponível em: <http://theweek.com/speedreads/448306/ white-cop-calls-black-protesters-animals-ferguson-missouri>.

3. Disponível em: http://photographyisnotacrime.com/2015/04/ baltimore-county-cop-shuts-downsocial-media-page-after-calling- -freddie-gray-protesters-animals.

4. Kevin Young, *Bunk: The Rise of Hoaxes, Humbug, Plagiarists, Phonies, Post-Facts, and Fake News.* Minneapolis: Graywolf Press, 2017.

5. Annette Gordon-Reed, *The Hemingses of Monticello: An American Family.* Nova York: W. W. Norton & Co., 2008, p. 87.

6. Nell Irvin Painter, *The History of White People.* Nova York: W. W. Norton & Co, 2010, pp. 388-99.

7. Paula Giddings, *When and Where I Enter: The Impact of Black Women on Race and Sex in America.* Nova York: William Morrow and Company, 1984.

8. Young, *Bunk*, pp. 165-66.

9. pattrice jones, "Eros and the Mechanisms of Eco-Defense". In: *Ecofeminism: Feminist Intersections with Other Animals and the Earth.* Nova York: Bloomsbury, 2014, pp. 91-108.

10. Painter, *The History of White People*, p. 107.

11. Coontz, *The Way We Never Were*, p. 63.

12. Coontz: "Todo americano recebe 'coisas de graça' do governo, mas de acordo com um levantamento feito em 2012 pelo jornal *The New York Times*, o governo federal e os estaduais concederam 170 bilhões de dólares em isenções e benefícios fiscais sem exigir nenhuma contrapartida na geração de empregos ou no retorno dos investimentos para as populações locais". *The Way We Never Were*, pp. xxvi-xxvii.

13. Sunaura Taylor, *Beast of Burden: Animal and Disability Liberation.* Nova York e Londres: The New Press, 2017, p. 107.

14. Taylor, *Beasts of Burden.* p. 171.

15. Taylor, *Beasts of Burden*, p. 209.
16. Peter Singer, *Animal Liberation*, 2ª edição. Nova York: New York Review of Books, 1990, p. 102. [Ed. brasileira: *Libertação animal: O clássico definitivo sobre o movimento pelos direitos dos animais*. São Paulo: WMF Martins Fontes, 2010].
17. Temple Grandin, "The Importance of Measurement to Improve the Welfare of Livestock, Poultry, and Fish". In: *Improving Animal Welfare: A Practical Approach*, 2ª edição, editado por Temple Grandin. Oxford, CAB International, 2015, p. 16.
18. "Animal rights: activism vs. criminality". Disponível em: <https://www.gpo.gov/fdsys/pkg/CHRG-108shrg98179/html/CHRG-108shrg98179.htm>; "Terrorism 2002/2005". Disponível em: <https://www.fbi.gov/stats-services/publications/terrorism-2002-2005>.
19. Rothstein, *The Color of Law*, p. 148.
20. Roxanne Dunbar-Ortiz, *An Indigenous Peoples' History of the United States*. Boston: Beacon Press, 2014, p. 9.
21. Manisha Sinha, *The Slave's Cause: A History of Abolition*. New Haven, Connecticut: Yale University Press, 2016, p. 586.
22. Cecilia Elizabeth O'Leary, *To Die For: The Paradox of American Patriotism*. Princeton: Princeton University Press, 1999.
23. Douglas A. Blackmon, *Slavery By Another Name: The Re-Enslavement of Black Americans from the Civil War to World War II*. New York: Anchor Books, 2008.
24. Michelle Alexander, *The New Jim Crow: Mass Incarceration in the Age of Colorblindness*. Nova York: The New Press, 2010, pp. 1-11.
25. Timothy Snyder, "What Can European History Teach Us About Trump's America?" Disponível em: <https://www.youtube.com/watch?v=6nEmBmGK5kM>; Steven Levitsky e Daniel Ziblatt, *How Democracies Die*. Nova York: Crown, 2018. [Ed. brasileira: *Como as democracias morrem*. São Paulo: Zahar, 2018].
26. Nicholas Kristof, "Trump's Threat to Democracy", *The New York Times*, 10/01/2018. Disponível em: <https://www.nytimes.

com/2018/01/10/opinion/trumps-how-democracies-die.html?action=click&pgtype=Homepage&clickSource=story-heading&module=opinionc-col-left-region&region=opinion-c-col-left-region&WT.nav=opinion-c-col-left-region&_r=0>.

Capítulo 6

1. Cameron CD, Payne BK. Escaping affect: how motivated emotion regulation creates insensitivity to mass suffering. J Pers Soc Psychol. 2011 Jan;100(1):1-15.
2. Simone Weil, "Reflections on the Right Use of School Studies with a View to the Love of God". In: *Waiting on God.* Londres: Collins Books, 1951, p. 75.
3. Coontz, *The Way We Never Were*, pp. 63, 65.
4. Dimitris Avramopoulos, "Europe's migrants are here to stay", *Politico.EU*, 18/12/2017. Disponível em: <https://www.politico.eu/article/europe-migration-migrants-are-here-to-stay-refugee-crisis/>.
5. Zygmunt Bauman, *Strangers at the Door*. London: Polity Press, 2016. [Ed. brasileira: *Estranhos à nossa porta*. Zahar, 2017].
6. Maureen B. Costello, "The Trump Effect: The Impact of the Presidential Campaign on Our Nation's Schools", *Southern Poverty Law Center*, 13/04/2016. Disponível em: <https://www.splcenter.org/20160413/trump-effect-impact-presidential-campaign-our-nations-schools>.
7. Brigid Brophy, "The Rights of Animals". *Sunday Times,* outubro de 1965. Republicado In: *Don't Never Forget: Collected Views and Reviews.* Nova York: Holt, Rinehart e Winston, 1966.
8. David Foster Wallace, "Consider the Lobster", In: *Consider the Lobster and Other Essays.* Nova York: Little, Brown e Company, 2006, p. 246. [Ed. brasileira: revista *Piauí*, edição 71, set. 2012. Disponível em <https://piaui.folha.uol.com.br/materia/pense-na-lagosta/>].

9. Wallace, *Consider the Lobster*, nota de rodapé 15, p. 247.

10. Disponível em: http://www.ansc.purdue.edu/faen/poultry%20facts.html.

11. Disponível em: http://usda.mannlib.cornell.edu/MannUsda/viewDocumentInfo.do?documentID=1497.

12. John Webster, *Animal Welfare: A Cool Eye Toward Eden*, Hoboken, NJ: Wiley-Blackwell, 1995.

13. Jonathan Balcombe, "Fishes Have Feelings, Too", *The New York Times*, 14/05/2016. Disponível em: <https://www.nytimes.com/2016/05/15/opinion/fishes-have-feelings-too.html?ref=opinion&_r=3>.

14. Harish, "The fish we kill to feed the fish we eat", *Counting Animals*, 16/03/2015. Disponível em: <http://www.countinganimals.com/the-fish-we-kill-to-feed-the-fish-we-eat>.

15. Disponível em: https://www.animalsandsociety.org/human-animal-studies/society-and-animals-journal/articles-on-animal-abuse-and-human-violence/bullying-animalabuse-connection.

16. Lori Gruen, "Samuel Dubose, Cecil the lion and the ethics of avowal: protesting against one injustice doesn't means you privilege it over another", Aljazeera *America*, 31/07/2015. Disponível em: <http://america.aljazeera.com/opinions/2015/7/samuel-dubose-cecil-the-lion-and-the-ethics-of-avowal.html>.

17. Kurt Loder, "Joan Baez: The Rolling Stone Interview", *The Rolling Stone*, 14/04/1983. Disponível em: <https://www.rollingstone.com/music/features/joan-baez-old-folk-at-home-the-rolling-stone-interview-19830414>.

Capítulo 7

1. Disponível em: https://thecoffeelicious.com/how-tostayoutraged-without-losing-your-mind-fc0c41aa68f3.

2. Pace TW, Negi LT, Adame DD, Cole SP, Sivilli TI, Brown TD, Issa MJ, Raison CL. Effect of compassion meditation on neuro-endocrine, innate immune and behavioral responses to psycho-social stress. Psychoneuroendocrinology. 2009 Jan;34(1):87-98; Kohut ML, McCann DA, Russell DW, Konopka DN, Cunnick JE, Franke WD, Castillo MC, Reighard AE, Vanderah E. Aerobic exercise, but not flexibility/resistance exercise, reduces serum IL-18, CRP, and IL-6 independent of beta-blockers, BMI, and psychosocial factors in older adults. Brain Behav Immun. 2006 May;20(3):201-9.

3. Lutgendorf SK, Garand L, Buckwalter KC, Reimer TT, Hong SY, Lubaroff DM. Life stress, mood disturbance, and elevated inter-leukin-6 in healthy older women. J Gerontol A Biol Sci Med Sci. 1999 Sep;54(9):M434-9.; Pasco JA, Nicholson GC, Williams LJ, Jacka FN, Henry MJ, Kotowicz MA, Schneider HG, Leonard BE, Berk M. Association of high-sensitivity C-reactive protein with de novo major depression. Br J Psychiatry. 2010 Nov;197(5):372-7; Gimeno D, Kivimäki M, Brunner EJ, Elovainio M, De Vogli R, Steptoe A, Kumari M, Lowe GD, Rumley A, Marmot MG, Ferrie JE. Associations of C-reactive protein and interleukin-6 with cog-nitive symptoms of depression: 12-year follow-up of the Whitehall II study. Psychol Med. 2009 Mar;39(3):413-23.

4. Berk, M., Williams, L.J., Jacka, F.N. *et al.* So depression is an in-flammatory disease, but where does the inflammation come from?. *BMC Med* 11, 200 (2013).

5. Rett BS, Whelan J. Increasing dietary linoleic acid does not increase tissue arachidonic acid content in adults consuming Western-type diets: a systematic review. Nutr Metab (Lond). 2011 Jun 10;8:36.; Johnson GH, Fritsche K. Effect of dietary linoleic acid on markers of in-flammation in healthy persons: a systematic review of randomized con-trolled trials. J Acad Nutr Diet. 2012 Jul;112(7):1029-41, 1041.e1-15.

6. Parkinson L, Keast R. Oleocanthal, a phenolic derived from virgin olive oil: a review of the beneficial effects on inflammatory disease. Int J Mol Sci. 2014 Jul 11;15(7):12323-34.

7. Ceriello A, Bortolotti N, Motz E, Pieri C, Marra M, Tonutti L, Lizzio S, Feletto F, Catone B, Taboga C. Meal-induced oxidative stress and low-density lipoprotein oxidation in diabetes: the possible role of hyperglycemia. Metabolism. 1999 Dec;48(12):1503-8.

8. Gangwisch JE, Hale L, Garcia L, Malaspina D, Opler MG, Payne ME, Rossom RC, Lane D. High glycemic index diet as a risk factor for depression: analyses from the Women's Health Initiative. Am J Clin Nutr. 2015 Aug;102(2):454-63.

9. Bandaruk Y, Mukai R, Terao J. Cellular uptake of quercetin and luteolin and their effects on monoamine oxidase-A in human neuroblastoma SH-SY5Y cells. Toxicol Rep. 2014 Sep 6;1:639-649.

10. White BA, Horwath CC, Conner TS. Many apples a day keep the blues away-daily experiences of negative and positive affect and food consumption in young adults. Br J Health Psychol. 2013 Nov;18(4):782-98.

11. Grigoriadis S, Kennedy SH. Role of estrogen in the treatment of depression. Am J Ther. 2002 Nov-Dec;9(6):503-9.

12. Estrella RE, Landa AI, Lafuente JV, Gargiulo PA. Effects of antidepressants and soybean association in depressive menopausal women. Acta Pol Pharm. 2014 Mar-Apr;71(2):323-7.

13. Messina M, Gleason C. Evaluation of the potential antidepressant effects of soybean isoflavones. Menopause. 2016 Dec;23(12):1348-1360.

14. Hirose A, Terauchi M, Akiyoshi M, Owa Y, Kato K, Kubota T. Low-dose isoflavone aglycone alleviates psychological symptoms of menopause in Japanese women: a randomized, double-blind, placebo-controlled study. Arch Gynecol Obstet. 2016 Mar;293(3):609-15.

15. Applegate CC, Rowles JL, Ranard KM, Jeon S, Erdman JW. Soy Consumption and the Risk of Prostate Cancer: An Updated Systematic Review and Meta-Analysis. Nutrients. 2018 Jan 4;10(1):40.

16. Motsinger S, Lazovich D, MacLehose RF, Torkelson CJ, Robien K. Vitamin D intake and mental health-related quality of life in

older women: the Iowa Women's Health Study. Maturitas. 2012 Mar;71(3):267-73; Appleton KM, Hayward RC, Gunnell D, Peters TJ, Rogers PJ, Kessler D, Ness AR. Effects of n-3 long-chain polyunsaturated fatty acids on depressed mood: systematic review of published trials. Am J Clin Nutr. 2006 Dec;84(6):1308-16; Skarupski KA, Tangney C, Li H, Ouyang B, Evans DA, Morris MC. Longitudinal association of vitamin B-6, folate, and vitamin B-12 with depressive symptoms among older adults over time. Am J Clin Nutr. 2010 Aug;92(2):330-5.

17. Beezhold, B.L., Johnston, C.S. Restriction of meat, fish, and poultry in omnivores improves mood: A pilot randomized controlled trial. *Nutr J* 11, 9 (2012).

18. Lim YH, Kim H, Kim JH, Bae S, Park HY, Hong YC. Air pollution and symptoms of depression in elderly adults. Environ Health Perspect. 2012 Jul;120(7):1023-8.

19. Park BJ, Tsunetsugu Y, Kasetani T, Kagawa T, Miyazaki Y. The physiological effects of Shinrin-yoku (taking in the forest atmosphere or forest bathing): evidence from field experiments in 24 forests across Japan. Environ Health Prev Med. 2010 Jan;15(1):18-26.

20. *Connecting global priorities: biodiversity and human health: a state of knowledge review*, World Health Organization and Secretariat of the Convention on Biological Diversity, 2015.

Capítulo 8

1. New SA. Intake of fruit and vegetables: implications for bone health. Proc Nutr Soc. 2003 Nov;62(4):889-99.

2. Munger RG, Cerhan JR, Chiu BC. Prospective study of dietary protein intake and risk of hip fracture in postmenopausal women. Am J Clin Nutr. 1999 Jan;69(1):147-52.; Thorpe DL, Knutsen SF, Beeson WL, Rajaram S, Fraser GE. Effects of meat

consumption and vegetarian diet on risk of wrist fracture over 25 years in a cohort of peri- and postmenopausal women. Public Health Nutr. 2008 Jun;11(6):564-72; Promislow JH, Goodman-Gruen D, Slymen DJ, Barrett-Connor E. Protein consumption and bone mineral density in the elderly : the Rancho Bernardo Study. Am J Epidemiol. 2002 Apr 1;155(7):636-44; Devine A, Dick IM, Islam AF, Dhaliwal SS, Prince RL. Protein consumption is an important predictor of lower limb bone mass in elderly women. Am J Clin Nutr. 2005 Jun;81(6):1423-8.

3. V. R. Young, P. L. Pellett, Plant proteins in relation to human protein and amino acid nutrition, *Am. J. Clin. Nutr.*, Volume 59, Issue 5, 1994, pp. 1.203S-1.212S.

4. Frances Moore Lappé. *Diet for a Small Planet.* Nova York: Ballantine, 1981. [Ed. brasileira: *Dieta para um pequeno planeta.* São Paulo: Ground, 1985].

Bibliografia selecionada

Veganismo e justiça social

Adams, Carol J. & Gruen, Lori (eds.). *Ecofeminism: Feminist Intersections with Other Animals and the Earth*. Nova York: Bloomsbury, 2014.

Adams, Carol J. *The sexual politics of meat*. Nova York: Bloomsbury, 2015. [A política sexual da carne: Uma teoria crítica feminista-vegetariana. São Paulo: Alaúde, 2018.]

Brueck, Julia Feliz (ed.). *Veganism in an Oppressive World: A Vegans-of-Color Community Project*. [S.l]: Sanctuary Publishers, 2017.

Harper, Breeze (ed.). *Sistah Vegan: Black Female Vegans Speak out on Food, Identity, Health and Society*. Nova York: Lantern, 2010.

Hawthorne, Mark. *A Vegan Ethic: Embracing a Life of Compassion for All*. Reino Unido: Changemakers Books, 2016.

jones, pattrice. *After Shock: Confronting Trauma in a Violent World - A Guide for Activists and their Allies*. Nova York: Lantern, 2007.

jones, pattrice. *The Oxen at the Intersection: A Collision*. Nova York: Lantern, 2014.

Kim, Claire Jean. *Dangerous Crossings: Race, Species, and Nature in a Multicultural Age*. Cambridge: Cambridge University Press, 2015.

Ko, Aph & Ko, Syl. *Aphro-ism: Essays on Pop Culture, Feminism, and Black Veganism from Two Sisters*. Nova York: Lantern Books, 2017.

Lockword, Alex Lockword. *The Pig in Thin Air: An Identification*. Nova York: Lantern, 2016.

Nibert, David. *Animal Rights, Human Rights: Entanglements of Oppression and Liberation*. Lanham: Rowman & Littlefield, 2002.

Rowe, Martin. *The Elephants in the Room: An Excavation* e *The Polar Bar in the Zoo: A Speculation*. Nova York: Lantern, 2013.

Taylor, Sunaura. *Beasts of Burden: Animal and Disability Liberation*. Nova York: The New Press, 2017.

Fontes de informações sobre nutrição

www.vegan.com/nutrition
www.veganhealth.org
www.vegetariannutrition.net

Brueck, Julia Feliz. *Baby and Toddler Vegan Feeding Guide*. [S.l]: Sanctuary Publishers, 2017.

Davis, Brenda & Melina, Vesanto. *Becoming Vegan*. [S.l]: Book Publishing Company, 2013.

Mangels, Reed. *The Everything Vegan Pregnancy Book*. [S.l.]: Adams Media, 2011.

Messina, Virginia & Fields, JL. *Vegan for Her*. Boston: Da Capo Press, 2013.

Norris, Jack & Messina, Virginia. *Vegan for Life*. Boston: Da Capo Press, 2011.

Rebhal, Sayward. *Vegan Pregnancy Survival Guide*. [S.l.]: Herbivore Books, 2011.

Wasserman, Debra & Mangels, Reed. *Simply Vegan*. 4ª edição. Baltimore: The Vegetarian Resource Group, 2006.

Estilo de vida vegano

Dicas de aplicativos:
- Bunny Free
- Leaping Bunny
- Cruelty Cutter

Adams, Carol J. *Living Among Meat Eaters: The Vegetarian's Survival Handbook*. Nova York: Lantern, 2010.

Lojas *on-line**

www.cosmosveganshoppe.com
www.herbivoreclothing.com
www.veganessentials.com
www.thevegetariansite.com

Livros de culinária

Atlas, Nava. *Wild About Greens*. Nova York: Sterling, 2012.
Ciment, Ethan & Suchman, Michael. *NYC Vegan*. [S.l.]: Vegan Heritage Press, 2017.
Costigan, Fran. *Vegan Chocolate: Unapologetically Luscious and Decadent Dairy-Free Desserts*. Nova York: Running Press, 2013.
Fields, JL. *Vegan Pressure Cooking*. Beverly, EUA: Fair Winds Press, 2015.
Garza, Eddie. *Salud! Vegan Mexican Cookbook*. Emeryville, EUA: Rockridge Press, 2016.

---

* No Brasil, há lojas a granel on-line, a exemplo da Zona Cerealista (www.zonacerealista.com.br).

Grogan, Bryanna Clark. *World Vegan Feast*. [S.l.]: Vegan Heritage Press, 2011.

Hamshaw, Gena. *Power Plates*. Berkeley, EUA: Ten Speed Press, 2018.

Hasson, Julie. *Vegan Diner*. Nova York: Running Press, 2011.

Hester, Kathy. *The Vegan Slow Cooker*. Beverly, EUA: Fair Winds Press, 2011.

Hingle, Richa. *Vegan Richa's Indian Kitchen*. [S.l.]: Vegan Heritage Press, 2015.

Romero, Terry Hope. *Vegan Eats World*. Boston, EUA: Da Capo, 2012.

Schinner, Miyoko. *The Homemade Vegan Pantry*. Berkeley, EUA: Ten Speed Press, 2015. [Ed. bras. Ingredientes caseiros veganos. São Paulo: Alaúde Editorial, 2017.]

Schwegmann, Michelle & Michelle; Hooten, Josh. *Eat Like You Give a Damn*. [S.l.]: Book Publishing Company, 2015.

Shannon, Annie & Dan. *Mastering the Art of Vegan Cooking*. Nova York: Grand Central Lifestyle. 2015.

Simpson, Alicia. *Vegan Comfort Food*. Nova York: The Experiment, 2009.

Terry, Bryant. *Afro-Vegan*. Berkeley, EUA: Ten Speed Press, 2014.

Agradecimentos

Desde o início, o projeto deste livro foi recebido de braços abertos por uma equipe maravilhosa de defensores. Nossas agentes, Stephanie Tade e Colleen Martell, da agência literária Stephanie Tade, deram conselhos que nos ajudaram a moldar o livro e a chegar a este resultado, nos levando a criar uma ferramenta mais eficaz em prol da resistência. Somos gratas pelo apoio, pelo entusiasmo, pela amizade e por terem acreditado neste projeto desde o início. Ficamos encantadas e muito agradecidas pela alegria com que fomos recebidas em cada encontro com a equipe editorial. Nosso agradecimento também vai para os editores Peter Turner e Christine LeBlond, da Conari/Red Wheel, pelas orientações, pelo suporte e pelo compromisso sério de produzir o melhor livro possível. Um superagradecimento para a *designer* Kathryn Sky-Peck, que entendeu perfeitamente a proposta deste livro, traduzindo-o no *design* da obra. Bonni Hamilton e Eryn Eaton, com uma dedicação ímpar, trabalharam para nos ajudar a compartilhar esta mensagem para o mundo.

Obrigada também a Matt Ball, Lawrence Carter-Long, Karen Davis, Kathryn Gillespie, pattrice jones, Jo-Anne

McArthur, Mia McDonald, Dawn Moncrief, lauren Ornelas, Will Potter e Brenda Sanders pelas conversas, sempre tão ricas em experiências e dicas.

Carol quer deixar um agradecimento a suas irmãs, Nancy e Jane, que lotaram a caixa de mensagens com reportagens e matérias relevantes para o livro. Nancy, que deu a ideia do banquete vegano da resistência, também contribuiu com sua criatividade na criação de receitas, nos ajudando a usar a comida para falar de política. A *chef* Bryanna Clark Grogan aceitou o desafio, criando várias das receitas que propusemos para essa seção do livro. Somos eternamente gratas à sua criatividade – já são anos tendo o privilégio de preparar suas receitas. Também somos constantemente inspiradas pelo trabalho de cozinheiros veganos cheios de talento: nosso muito obrigada para Gena Hamshaw, Fran Costigan e Allison Samson Rivers, que compartilharam conosco suas receitas.

Em uma discussão no Facebook sobre os chamados *dog whistles* – declarações de figuras públicas com mensagens subliminares para agitar seus seguidores –, Susan Schweik apontou a animalização das pessoas que esse termo acarreta.

Na escrita deste livro, Carol aproveitou alguns de seus trabalhos mais recentes, incluindo *The Sexual Politics of Meat in the Trump Era* [A política sexual da carne na era Trump], publicado pela editora da Universidade de Nevada em volume editado por Laura Wright. A autora deixa seu agradecimento também para Laura, que contribuiu com a escrita do artigo. No capítulo 4, as autoras também aproveitaram materiais desenvolvidos de artigos acadêmicos publicados em *Truthdig*, *Tikkun* e *Open Democracy*. Por fim, durante a escrita do novo prefácio para a reedição de 1994 do livro *Neither Man nor Beast* [Nem homem nem besta], Carol pôde consolidar melhor suas ideias sobre a misoginia na indústria de *fast-food*.

Em setembro de 2017, nas comemorações pelo centenário do voto feminino na Universidade de Nova York, em Fredonia,

Carol trouxe algumas das ideias debatidas no capítulo 5. No painel de debates, o assunto foi proposto por Emily van Dette, que pediu que Carol articulasse sua análise do ativismo social do século XIX com o ativismo mais recente. Em 2017, durante uma palestra no congresso Animal Place's 2017 Food Justice for All, Carol debateu várias ideias e colheu *feedback* para o livro.

Como sempre, Jane Nearing, bibliotecária da biblioteca pública de Richardson, nos agraciou com sua incansável colaboração. Nos momentos mais tensos da corrida contra o prazo, as lindas da queijaria vegana Punk Rawk Labs mandaram deliciosos queijinhos para nós. Bruce Buchanan, como sempre, nos deu as ajudas certas nas horas certas. Muito obrigada pelo carinho!

Ginny é só gratidão pela comunidade de profissionais de saúde veganos que trabalham pelo tratamento ético e correto dos animais, com benevolência e integridade científica. Os agradecimentos especiais vão para Jack Norris, RD; Reed Mangels, PhD, RD; Anya Todd, MS, RD; Taylor Wolfram, MS, RD; Matt Ruscigno, MPH, RD; Carolyn Tampe, MS, RD; David Weinman, RD; Ed Coffin, RD. Ela agradece também aos membros do Berkshire Voters for Animals, por terem a incluído na luta pelos animais por meio da legislação. Como sempre, Ginny tem enorme gratidão por ser casada com Mark Messina, consultor de nutrição fantástico, superpaizão felino e marido maravilhoso.

Por fim, queremos agradecer a vocês, nossos leitores, que também se importam com a justiça social e incorporaram este livro à sua biblioteca da resistência. Juntos, vamos tornar esse sonho uma realidade. A república é um sonho – e sem um sonho, nada pode começar.

Índice remissivo

A

ácido araquidônico, 181

ações diárias, Trinta dias de

ação diária extra: Ofereça um banquete vegano da resistência, 218-225

ação diária 1: Prove um leite vegetal, 37-42

ação diária 2: Valorize a culinária das Américas, 42-44

ação diária 3: Experimente "carnes" veganas, 45-47

ação diária 4: Experimente alimentos à base de soja, 60-62, 64-68

ação diária 5: Aprenda a gostar de leguminosas, 68-71

ação diária 6: Experimente hambúrguer vegetal, 71-73

ação diária 7: Experimente mac'n'cheese vegano, 80-90

ação diária 8: Experimente bacon vegano, 90-92

ação diária 9: Use chocolate de boa procedência, 92-93

ação diária 10: Entre em grupos de distribuição de comida vegana aos necessitados, 94-95

ação diária 11: Faça queijos veganos, 111-114

ação diária 12: Substitua os ovos nas receitas, 115-120

ação diária 13: Dê uma chance ao umami vegetal, 120-122

ação diária 14: Lanchinhos energéticos para protestar, 141-143

ação diária 15: Aposte na dupla verduras e feijão, 144-145

ação diária 16: Faça um estoque de alimentos veganos prontos, 145-147

ação diária 17: Valorize a culinária do Oriente Médio, 164-166

ação diária 18: Experimente substitutos veganos de frango,166-168

ação diária 19: Experimente substitutos veganos de peixe, 168-169

ação diária 20: Leve as crianças para conhecer um santuário animal (ou leve um santuário animal até elas), 169-172

ação diária 21: Escolha uma atividade para se aproximar de animais necessitados, 172-174

ação diária 22: Selecione o seu cardápio de notícias, 190-191

ação diária 23: Faça uma trilha, 191

ação diária 24: Troque a manteiga por azeite de oliva extra virgem, 192-195

ação diária 25: Aposte nos "carboidratos lentos", 195-197

ação diária 26: Prepare uma bebida reconfortante, 197-199

ação diária 27: Faça seus produtos de limpeza em casa, 212-213

ação diária 28: Planeje uma refeição vegana para a próxima viagem ou programinha à noite, 213-214

ação diária 29: "Veganize" cinco receitas, 214-217

ação diária 30: Elabore um cardápio planejado, 218

descrição, 19-21

Adams, Carol, 98

Adams, Nancy, 218-219

Adelphi, 52

afro-americanos

caracterizações de, 128

políticas de retrocesso contra, 31-33

rótulos animalescos usados contra, 126

Agassiz, Louis, 127

agropecuária industrial, 28-30

galinhas e frangos, 28, 29

iluminação, 30

porcas e, 29

práticas comuns de, 30

vacas e, 29

Alexander, Michelle, 138

Alice's Garden, 86

alimentação natural e vegetal, 19, 55

fontes de ferro, 209

mudanças climáticas e saúde, 186-186

proteínas de, 202-203

visão geral, 210

alimentos prontos e semiprontos veganos, 145-147

alimentos vegetais, antioxidantes e, 180-181

American Legislative Exchange Council, 34

aminoácidos, 202, 205

aminoácidos essenciais, 202

Angelou, Maya, 154

animais

aproximação de animais necessitados, 172-174

compaixão pelos, 153-155

inválidos, 134

lições tiradas da resistência, 160, 161

sexualização, 101-102

animalidade

defesa da justiça social, 140-141

enfraquecimento e, 129-130

opressão social e, 126-127

antioxidantes, alimentos vegetais e, 179-180, 211

aplicativo YEI Food Justice, 88

aquafaba, 118

Aquecimento global, 49. *Ver também* mudanças climáticas

ativismo animal

êxito do, 34

legislação contrária, 33-35

política de retrocessos no século XXI e o, 33-35

visto como "terrorismo", 33-35

264 COZINHA DE PROTESTO

atos violentos contra propriedades enquadrados como terrorismo, 34
arco do universo moral, 137-140
Arroz mexicano, 44
Associação das Indústrias de Proteína Animal , 81
Associação Nacional de Pecuaristas de Corte, 35
Associação Nacional de Pesquisas Biomédicas, 34
Ashe, Arthur, 128
autocuidado na resistência ao estresse e à depressão, 188-189
autonomia, definição, 132
   mito da autonomia, 131-133
aves, compaixão pelas, 156-157
azeite de oliva extra virgem, 192-195
   trocando a manteiga por, 192-193

B

Babaganuche, 165-166
bacon de seitan, 91
Bacon de soja, 91-92
bacon de tempeh, 91
bacon vegano, 90-91
bacon vegano industrializado, 90-91
Baez, Joan, 163
banquete vegano da resistência, 219-225
barbecue vegano, 45-46, 215
Barrinhas de sementes para passarinhos, 174
Bauman, Zygmunt, 152
Beard, George, 26
Beasts of Burden (Taylor), 132
bebidas reconfortantes, 197-199
betacaroteno, 180
biodiversidade, mudanças climáticas e, 50-51
Biscoitos caninos de amendoim, 172-173
Blackmon, Douglas A., 138
boicotes, 17-18

Boko Haram, 53

Bolinhas de aveia e pasta de amendoim, 142-143

Bolo de laranja, amêndoa e azeite, 193-194

Bolo maluco, 119-120

Bombons de nozes e cereja, 222

Boston Globe, 99

Brighter Green, 77

Brophy, Brigid, 153

Brown, Michael, 126

Brownie de abobrinha, 93

bullying, 158-159

Bunk: The Rise of Hoaxes, Humbug, Plagiarists, Phonies, Post-Facts, and Fake News (Young), 126-127

Buraco quente vegano, 69-70

C

Cachorro-quente de cenoura, 46-47

Cálcio

    câncer, soja e, 63

    taxas de absorção de, 203

    nutrição vegana e, 203-204

Captivity (McArthur), 162

captura/pesca acidental, 158

carboidratos de absorção lenta, 195-197

carboidratos, inflamação e, 181

carboidratos refinados, 195-196

cardápio centrado em carne, 25-27

    na década de 1950, 28-29

cardápio focado em lácteos, 25-27

carne, masculinidade e, 98-99

Carter-Long, Lawrence, 133

Castanhas ao alecrim, 143

Chá de gengibre e limão-siciliano, 198

Chilis on Wheels, 87

Chili vegano, 94-95

chocolate produzido em condições éticas, 92-93

Chocolate quente saudável, 199

clínicas de planejamento familiar, 104

Clinton, Hillary, 102

Cobertura para o bolo maluco, 120

Comércio Triangular do Atlântico, 25

compaixão, 149-163

    banimento do, mundo particular, 150-151

    bullying e, 158-159

    definição, 149

    hospitalidade e, 152-153

    por nós mesmos, 160, 162-163

    pelos pássaros, 156-157

    pelos peixes, 156, 157-158

    pelos animais, 153-155

    resistência dos animais e, 160

    veganismo e, 149-150

    visão geral de, 149-150

Compota feiosa de frutas da xepa, 219-220

"Conectando prioridades globais – Biodiversidade e Saúde humana" (OMS), 186

conceito de cidadão, 130-134, 139

condições degradantes, protestos contra, 17-18

consciência em paz, dietas para ter, 186-188

"Consider the lobster" (Wallace), 155

Cookies de gotas de chocolate, 170-172

Coontz, Stephanie, 32-33, 132, 151

Costigan, Fran, 254

cozinhas de protesto

    história das, 17-18

    nostalgia nas, 36-37

Creme de espinafre, 41

criação da raça, 127-128

criação de camarão, 56
Croquetes de milho e tofu, 64-65
Crostini de patê de feijão-branco, 70-71
Crumble de pêssego, 225
culinária ameríndia, 42-44
cultura do estupro, patrocínio da publicidade da carne na, 103-104
Curzer, Mirah, 177

D
Darwin, Charles, 149
democracia inclusiva, 131-141
    animalidade, opressão social e, 125-126
    arco do universo moral e, 137-140
    conceito de cidadão e, 130-134
    defesa da justiça social para, 140-141
    definições de terrorista, 135-136
    enfraquecimento, animalidade e, 129-130
    pessoa autônoma e, 126-129
    raça como farsa, 126-129
depressão, tofu e, 183
derivados de soja, 60-62, 64-68
    edamame, 61
    leite de soja, 61
    missô, 62
    proteína texturizada vegetal, 62, 64
    receitas, 64-68
    salgadinhos de soja, 61
    tempeh, 62
    tirinhas de carne de soja, 64
    tofu, 61-62
    visão geral de, 60-61
deserto alimentar, definição, de, 79-80
dieta antiestresse/antidepressão, 177-179
dieta dos povos originários, 9

268 COZINHA DE PROTESTO

Dieta para um pequeno planeta (Lappé), 54-56, 205
dietas, 177-190
  alimentação natural, pelas mudanças climáticas e pela saúde,
    185-186
  antiestresse/antidepressão, 177-179
  antioxidantes, alimentos vegetais e, 179-180
  autocuidado e, 188-189
  carboidratos, inflamação e, 181
  contribuição para a resistência, 189-190
  gorduras, inflamação e, 181
  incremento de serotonina, 182-183
  inflamação, 179
  para melhorar o humor, 184-185
  para uma consciência tranquila, 186-188
  tofu, depressão e, 183
direitos humanos, mudanças climáticas e, 52-53
Disability Rights Education e Defense Fund, 133
Disputa do mac'n'cheese vegano, 75

E
edamame, 61
Elephant Sanctuary, Tennessee, 170
Empadão de "frango" vegano, 166-168
enfraquecimento, animalidade e, 129-130
entre em grupos de distribuição de comida vegana aos necessitados,
  94-95
escassez de água, 52
escravidão infantil, chocolate e, 83-84
estresse, mudanças alimentares e,182-183
estresse oxidativo, 185, 195
exploração reprodutiva na agropecuária, 104-106
exploração sexual, agropecuária e, 97. *Veja também* misoginia

F

farinha de soja, 118
Feijão ao molho barbecue, 70
Feijão-carioca com couve ao molho de tahine, 144-145
Feijão mediterrâneo, 70
fêmeas de animais, violência sexual e, 107
ferro, 209, 211
Food e Drug Administration (FDA), 81
Food Empowerment Project, 76, 84
Food Not Bombs (FNB), 86
"Frango" vegano ao molho de laranja, 220-221
fumaça líquida, 91-92
Fur Commission USA, 34, 35

G

gaiolas de gestação, 28, 34, 160
galinhas e frangos, 134, 156-157, 166
    caipiras, 34
    criados soltos, 30
    fazendas industriais e, 28, 30
gases do efeito estufa, 53, 56-57, 59, 61
    substituindo carne por leguminosas, 58-59
gelo do oceano Ártico, 50
gelo marinho, 51
Georgetown Journal on Poverty Law & Policy, 81
Gillard, Julia, 102
Gillespie, Kathryn, 106
GlaxoSmithKline, 35
glicose, 179, 181, 195-196
gorduras ômega-3, 40, 184-185, 206, 210
gorduras
    inflamação e, 181
    saudáveis, 206-207
Grande Barreira de Corais, 50

Gray, Freddie, 126

Green is the New Red (Potter), 35

Grogan, Bryanna Clark, 91, 218, 220, 222, 223, 254

H

hambúrguer de feijão, 28

hambúrguer de soja, 28

Hambúrguer defumado de feijão-preto, 72-73

hambúrguer sem carne, 28

hambúrguer vegano industrializado, 71-72

hambúrgueres vegetarianos, 71-73

Hamshaw, Gena, 144

Hannan, Jason, 127-128

Hog Farm Management (revista especializada em suinocultura), 28-29

Homus de edamame, 66

hortas comunitárias, 85-86

Hospitalidade

compaixão e, 151-153

definição, 152, 153

humor, dieta do bom, 184-185

I

inflamação

carboidratos e, 181

dieta e, 179

gorduras e, 181

sal iodado, 208-209

insegurança alimentar, 79-80

intolerante à lactose, 27

invalidez e

animais inválidos, 134

comparações com animais, 133

ideias de "dependência", 133

Irvin, Nell Painter, 131
isoflavonas, 63, 100, 183

J
jejum compulsório para animais, 30
jones, pattrice, 106
Jungle, The (Sinclair), 80
justiça alimentar, 75-88
    categorias de, 76
    comida saudável e, 84-87
    escravidão infantil, chocolate e, 83-84
    insegurança alimentar e, 79-80
    meio ambiente e, 77-78
    na sua cozinha, 87-88
    racismo ambiental e, 78-79
    trabalhadores de matadouros, 80-83
    visão geral de, 75-76

K
Kafka, Franz, 186
Kellogg, John Harvey, 142
Kucinich, Dennis, 35

L
lactase, 27
lagoas de esterco, 78
Laidre, Kristin, 51
lanchinhos, 141-143
Lappé, Frances Moore, 54-205
lavouras africanas, 25-26
Latte de matchá ao aroma de baunilha e lavanda, 198-199
Legislação que pune filmagens de maus-tratos na agropecuária
    (Ag-Gag), 34 *Ver também* Lei de Terrorismo contra empresas do
    setor animal

lei do abate humanitário, 157
leguminosas, 68-70
    tamanhos das porções, 203
Lei de terrorismo contra empresas do setor animal (Animal Enterprise Terrorism Act - AETA), 34-35
Leis de Jim Crow, 31-32, 138
leite, 27
    amêndoa, 38
    arroz, 39
    aveia, 39
    castanha-de-caju, 39
    coco, 38-39
    linhaça, 39
    proteína de ervilha, 38
    soja, 38
leite de amêndoa, 39
leite de arroz, 39
leite de aveia, 39
leite de castanha-de-caju, 39
leite de coco, 38-39
leite de linhaça, 39
leite de proteína de ervilha, 38
leite de soja, 38, 61
leites vegetais, 37-40
    nutrição dos, 37, 40
    tipos de, 38-39
    receitas com, 41-42
levedura nutricional, 121, 208
lições tiradas da resistência dos animais, 160, 161
Licor irlandês vegano, 42
Limpador multiúso, 213
linhaça, 118
listas de restaurantes com condições boas ou ruins de trabalho, 88
Lustra-móveis de limão-siciliano, 212

M

Mac'n'cheese da Carol, 89-90

mamíferos marinhos, 51, 56, 158

marcas comerciais de levedura nutricional, 208

marcas comerciais de substitutos veganos de carne, 26

marcas comerciais de substitutos veganos de hambúrguer, 71-72

masculinidade, carne e, 98-99

matadouros, 33

McArthur, Jo-Anne, 162

McDonald, Mia, 77

McWilliams, James, 26

meio ambiente, justiça alimentar e, 77-78

Mendelsohn, Jennifer, 153

misoginia, 97-111

    animais de criação, 108-110

    cultura do estupro, publicidade da indústria da carne e, 103-104

    exploração reprodutiva, fazenda, 104-106, 108

    masculinidade, carne e, 98-99

    mito da feminização provocada pela soja, 100

    mitos da violência sexual, fêmeas de animais e, 107

    resistência, 110-111

    sexualização de animais, 101-102

    visão geral de, 97-98

missô, 62

Mitos da violência sexual, fêmeas de animais e, 107

Molho para Reuben, 68

Molho de tahine, 145

Moncrief, Dawn, 77-78

Movimento Black Lives Matter (Vidas Negras Importam), 35

movimentos de resistência, veganismo para fortalecer os, 16-19

mudanças climáticas, 49-60

    biodiversidade e, 50-51

    combate, 49-60

    consumo de leguminosas e, 58-59

fábricas de proteína do avesso e, 54-57

Floresta Amazônica e, 57-58

piscicultura e, 56

problemas causados por humanos, 53-54

questões de direitos humanos, 52-53

rendimento de lavouras, 52

substitutos vegetais de carne e, 58-59

visão geral de, 49-50

mudanças sociais positivas, práticas que impedem, 33-34

Muhammara, 164-165

mulheres

misoginia e, (*ver* misoginia)

política do retrocesso e, 31-33

Muscle and Fitness (revista especializada em musculação), 98

My Plate, 27

N

nostalgia

em cozinhas de protesto, 36-37

política do retrocesso e, 23-24

terminologia de, 23

notícias, selecionando o cardápio de, 190-191

nutrição. *Ver também* nutrição vegana

das gorduras, 206-207

do leite, 37-38

para ossos saudáveis, 203-206

vegetal, 210

nutrição vegana, 202-212

antioxidantes de, 211

cálcio, 203-204, 206

ferro, 209

gorduras saudáveis, 206-207

para ossos saudáveis, 203-206

proteínas vegetais, 202-203

sal iodado, 208-209
transição para dieta de, 211-212
visão geral de, 201
vitamina B12, 207-208
vitamina D, 204
zinco, 209

O

Obama, Barack, 125, 128
Obama, Michelle, 125
oleocantal, 181, 192
Oliver, Michael, 132
opressão social, animalidade e, 125, 127
Organização Mundial da Saúde (OMS), 186
origem do homem, A (Darwin), 149
Ornelas, lauren, 76

P

pânico moral, 152
Panteras Negras, 17
papa-tofu, 99-100
Parmesão vegano, 121
Partido Democrata dos Estados Unidos, 109
Patê de feijão-preto, 70
Pauly, Daniel, 56
pegada de carbono, redução da, 54, 56, 58-60
"Pense na lagosta" (Wallace), 155
"peixe" vegano, 168-169
peixes, compaixão pelos, 156, 157-158
percursos alimentares da África Oriental, 25
persistência da lactase, 27
perus, 82, 101, 156-157, 170
pessoa autônoma, 126-129
Pfizer, 35

pimenta chipotle, 223

planejamento de cardápio, 218

planeje uma refeição vegana, 213-214

Plenty International, 86

poligênese, 127

política sexual da carne (Adams), *A*, 98

"porco assado" (torneio entre grêmios universitários), 108

porcos. *Veja* porcas

porcas

    fazendas industriais, 28-29

    jejum compulsório para animais, 30

Potter, Will, 35

pratos do Oriente Médio, 164-166

preparação de comida comunitária, 36

produção reversa de proteínas, 54-57

produtos de limpeza caseiros, 212-213

Projeto Victory Garden, 85-86

Projeto Youth Empowerment, 88

proteína texturizada de soja (PTS), 62, 64

proteina texturizada de soja (PTS) sabor bacon, 90-91

proteínas

    leite, 38

    mitos, 205

    ração de animais de criação, 54-55

    vegetais, 202-203

publicidade da indústria da carne, cultura do estupro, 103-104

Q/R

Queijo feta de tofu, 114

queijo vegano, produção, 111, 121

quercetina, 182, 185

#resistancegenealogy, 153

raça como farsa, 126-129

racismo,

    ambiental, 78-79

    leis de Jim Crow, 31-32, 138

    leis explicitamente racistas, 31

    raça como farsa, 126-129

    redlining (impedimento da entrada de negros em bairros de maioria branca), 32

racismo ambiental, 78-79

radicais livres, 180

receitas

    Arroz mexicano, 44

    azeite de oliva extra virgem, 193-194

    Babaganuche, 165

    Bacon de soja, 91-92

    banquete vegano da resistência, 218-225

    Barrinhas de sementes para passarinhos, 174

    bebidas reconfortantes, 197-199

    Biscoitos caninos de amendoim, 172-173

    Bolinhas de aveia e pasta de amendoim, 142-143

    Bolo de laranja, amêndoa e azeite, 193-194

    Bolo maluco, 119-120

    Bombons de nozes e cereja, 222

    Brownie de abobrinha, 93

    Buraco quente vegano, 69-70

    Cachorro-quente de cenoura 46-47

    carboidratos de digestão lenta, 195-196

    Castanhas ao alecrim, 143

    Chá de gengibre e limão-siciliano, 198

    Chili vegano, 94-95

    Chocolate quente saudável, 199

    Compota feiosa de frutas da xepa, 219-220

    Cookie de gotas de chocolate, 170-172

    Creme de espinafre, 41

278 COZINHA DE PROTESTO

Croquetes de milho e tofu, 64-65
Crostini de patê de feijão-branco, 70-71
Crumble de pêssego, 225
culinária indígena, 42-44
derivados de soja, 64-68
Empadão de "frango" vegano, 166-168
Feijão ao molho barbecue, 70
Feijão-carioca com couve ao molho de tahine, 144-145
Feijão mediterrâneo, 70
"Frango" vegano ao molho de laranja, 220-221
Hambúrguer defumado de feijão-preto, 72-73
Homus de edamame, 66
lanchinhos para congelar, 142-143
Latte de matchá ao aroma de baunilha e lavanda, 198-199
leguminosas, 69-71
leite vegetal, 41-42
Licor irlandês vegano, 42
Mac'n'cheese da Carol, 89-90
Molho para Reuben, 68
Muhammara, 164-165
Oriente Médio, 164-166
Parmesão vegano, 121
Patê de feijão-preto, 70
Queijo feta de tofu, 114
queijo vegano, 111-114
receitas, substituindo ovos em, 115-130
Salada colorida de quinoa, 196-197
salada como prato principal, 69-71
Salada de "atum" vegana, 169
Salada de "ovo" com sal negro, 116-117
Salada de taco ao molho picante, 223-224
Salada grega com queijo feta vegano, 112-114
Salada mexicana de feijão, 69
Sanduíche de "pernil" desfiado ao molho barbecue, 45-46

Sanduíche Reuben vegano, 67-68

Sopa de missô com feijão-azuki, 70

Sopa das três irmãs, 43

substitutos veganos de ovo em, 115-130

Tofu chinês, 65-66

Tofu mexido, 115-116

Tomate seco caseiro, 195

Torradinha de queijo de castanha com tapenade, 111-112

veganize cinco receitas, 214-217

Xarope de lavanda, 198

receitas, substituindo ovos em, 115-130

receitas para banquetes comunitários de resistência, 219-225

redlining (impedimento da entrada de negros em bairros de maioria branca), 32

regra da "única gota", 127

restaurantes das "peitudas", 103

restaurantes veganos, 213-214

retrocessos na política, 31-33

contra afro-americanos, 31-33

contra ativismo animal no século XXI, 33-34

contra mulheres, 31-33

nostalgia e, 23-24

políticas coercitivas, 31

Rifkin, Jeremy, 26

S

Salada, 69

Salada colorida de quinoa, 196-197

Salada de "atum" vegana, 169

Salada mexicana de feijão, 69

Salada de "ovo" com sal negro, 116-117

Salada de taco ao molho picante, 223-224

Salada grega com queijo feta vegano, 112-114

Samson, Allison Rivers, 72

Sanders, Brenda, 75, 84-85
Sanduíche Reuben vegano, 67-68
Santuário VINE, 106
Santuário Wild Animal, Colorado, 170
santuários de animais de criação, 170
santuários de proteção animal, crianças e, 169-170
saúde dos ossos, 203-204, 206
Secretaria de Agricultura dos Estados Unidos, 203
sentimentos de indiferença, 19
serotonina
    descrição, 182
    dieta para melhorar, 182-183
shinrinyoku, 191
Silver, Jennifer Lynne, 126
Sinclair, Upton, 80
sites para consultar a qualidade dos azeites, 192
salgadinhos de soja, 61
Snyder, Timothy, 140
soja
    câncer e, 63
    farinha, 118
    Floresta Amazônica e, 57-58
    hambúrguer de, 28
    leite, 38, 61
    oleaginosas, 61
    tirinhas de carne de soja, 64
soja e a Floresta Amazônica, 57-58
Sopa de missô com feijão-azuki, 70
sorveteria Dairy Air, 105-106
sorvetes veganos, 215
Southern Poverty Law Center (SPLC), 135- 152
substituindo ovos em receitas, 115-130
substituto de ovo em pó, 118
substituto vegano industrializado para ovos, 118

sufrágio universal, 131
suplementos para alívio da depressão, 184

T
Tamez, Richard, 44
Taylor, Sunaura, 132, 134
tempeh, 62
tempero chinês, 65
tempero para aves, 166
terrorismo
    ativismo pelos direitos dos animais enquadrado como, 33-35,
        135-136
    atos violentos contra propriedade privada enquadrados como,
        33, 135
    supremacia branca e, 135
teste de sabor de leite vegetal, 37-40
thefullhelping.com, 144
tirinhas de carne de soja, 64
tofu, 18, 61-62, 99
    depressão e, 183
Tofu chinês, 65-66
Tofu mexido, 115-116
Tomate seco caseiro, 195
Torradinha de queijo de castanha com tapenade, 111-112
trabalhadores de matadouros, 80-83
trabalhadores e justiça alimentar, 80-83
transtorno de estresse por provocar ato violento, 81
trilhas, 191
trinta dias de ações
    Sopa das três irmãs, 43
triptofano, 182-183
Trump, Donald, 35, 52, 128, 132, 140

U/V

umami vegetal, 120, 122
United Egg Producers (Associação dos produtores de ovos), 35
vacas
    fazendas industriais e, 28-29
    na América do Norte, 26
Vegan SoulFest, 75
veganismo
    como movimento pela justiça social, 16
    compaixão e, 149
    escopo do, 211-212
    estereótipos negativos de, 17
    introdução a, 15-18
    natureza inclusiva do, 17-18
    para fortalecer a resistência, 16, 18
    transição para, 211-212
veganos, restaurantes, 213-214
veganmexicanfood.com, 44
vegetal, umami, 120-122
vitamina B12, 184, 207-208
vitamina C, 209, 211
vitamina D, 184-185, 203-204

W

Wallace, David Foster, 155-156
Wall's Meat Company, 29
Way We Never Were: American Families and the Nostalgia Trap, The (Coontz), 32
We Animals (McArthur), 162
Webster, John, 157
Weil, Simone, 150
Well-Fed World, A (ONG), 77-78
White Castle, 28
Williams, Venice, 86

Woods, Tiger, 128
World Vegan Feast (Grogan), 91
Worldwide Vegan Bake Sale, 172
Wyeth, 35

XYZ
xenofobia, 152-153
Young, Kevin, 126-127
zinco, 209

Acesse o QR Code
para conhecer outros
livros da autora.

Compartilhe a sua opinião
sobre este livro usando a hashtag
#CozinhaDeProtesto
nas nossas redes sociais:

/EditoraAlaude
/AlaudeEditora